어느 대학 교수의 제주 올레 두 차례 완주 이야기

휴식하러
제주 올레

지은이 **김홍설**

Rainbow BOOKS

프롤로그

여행은 항상 설렌다. 어렸을 적 소풍가기 전날 두근두근했던 가슴과 비슷하다. 아니 나에게는 초등학교 가을운동회 전날 기분과 더 비슷하다고 해야 맞을 것이다. 운동회 달리기에서 1등을 하였을 때의 기쁨과 여행 시작 비행기가 이륙할 때의 기분은 아주 많이 닮았다.

해외여행의 관성이 이미 삶의 우선순위로 깊이 자리 잡은 '여행 홀릭들'에게 코로나 시국은 그야말로 인생이 일시 정지된 느낌일 것이다. 2020년도 초에 시작된 이 현상이 이렇게 길어질 줄은 그 당시에는 정말 상상도 못했다. 다음 계절이 오면 나아지겠지. 연말 때쯤이면 일상을 회복할 거야. 그러다가 2021년이 지나가고 2022년이 시작되었다.

나에게 2021년은 세 번째이자 마지막 안식년이다. 그만큼 값지게 보내고 싶었다. 그런데 외국으로의 연구년을 계획하기는 무리한 상황이었던 것이다. 그렇다고 1년 내내 '집콕'만 한다는 것은 더더욱 문젯거리가 될 것이고 오히려 많은 부작용이 따를 것이라는 것을 잘 알고 있었다.

그래서 결정한 것이 일단 제주 올레길을 걸어보자는 것이었다.

결국 그해 3월에 425km의 제주 올레길 26코스를 완주한 데 이어 그 탄력으로 205일간 BAC 명산100 프로그램을 완등하였다. 그것도 모자라 11월에 제주 올레 시즌 2까지 완주한 것이다.

이처럼 코로나19는 나를 변화시켰고 나에게 엄청난 일을 해내도록 만들었다.

안식년의 어원은 종교적인 의미로 사람이 7년마다 1년씩 쉬는 해를 말한다. 이 해에는 종에게 자유를 주고 빚을 탕감해 주었다고 한다. 교육기관에서의 안식년을 '연구년'이라고도 부른다. 1년 동안 재충전하면서 앞으로 교육을 위한 연구를 하라는 의미다.

레저스포츠학과에서 근무하고 있는 나는 이번 연구년에 전공을 잘 살린 셈이다. 이를 토대로 앞으로 좀 더 알찬 교육을 펼쳐야겠다. 그리고 나의 안식년의 여정을 좀 더 오랫동안 기억하고자 책으로 펴내기로 하였다.

나는 몇몇 학술서적 집필에 직·간접적으로 관여하였고 언론사 칼럼이나 잡지사 기고문을 써 왔지만 여행기는 처음이라 낯설다. 원래 글쓰기는 매우 어렵다. 예전에 이천 도예촌에서 어떤 유명 도예작가가 마음에 들지 않는다고 던져버린 도자기가 산더미처럼 쌓여 있는 것을 보았을 때 얼른 이해하기 힘들었지만 지금은 이해가 간다. 자기가 마음에 들지 않는 글을 세상에 내놓는 것은 마치 아무 옷이나 대충 걸치고 세수하지 않은 얼굴과 머리 모양으로 외출하는 것과 같다. 학문 서적 또한 형편없는 내용인데 서점에 꽂혀있다는 것은 아마 저자가 그 분야에 대한 지식이 부족하거나 낯 두꺼움 그 둘 중의 하나일 것이다. 왜곡된 저작물이 후세대에게 읽힌다고 생각하면 매우 위험하다.

이처럼 나는 학술서적 출간이나 언론사 칼럼을 기고하는데 매우 조심스럽게 접근한다. 여행 서적의 경우 지식의 저장물이라기보다는 직접 다양한 문화를 보고 체험하면서 알게 된 새로운 사실이나 느낀 점을 정리한 것으로서 학술서적이나 칼럼과 그 성격이 다르다. 그런데 학술서적이나 칼럼에 비하여 내용이 좀 가벼울지 몰라도 불특정 다수인 광범위한 대중에게 읽힌다고 생각하면 오히려 부담이 간다. 다만, 신경이 쓰인다고 해서 주저주저하면 나의 2021년 1년간의 대장정이 기억 속에서 점점 사라질 것이라고 생각할 때 책 출간의 용기가 솟는다. 그래서 그 역사적인 행적들을 낱낱이 기록한다고 생각하고 글쓰기를 시작하기로 하였다.

이 책이 나오기 까지는 가족의 힘이 절대적이었다. 아내는 책 출간을 권유하였고 교정까지 정성스럽게 봐주었다. 이은이와 윤식이는 책의 제목을 달아주고 표지 선택을 해 주었다. 또한 올레길을 걸으면서 길바닥에 주저앉으려고 하면 일으켜 세워준 형님들, 친구들, 후배 지인들에게 고마움을 전한다. 그들이 없었으면 길을 걷지도 못했고 책도 나올 수 없었다. 귀농한 형님이나 육촌 형님은 시골에 방문할 때마다 항상 나를 응원해주셨다. 또한, 역량 있는 학과 교수님들도 나의 든든한 버팀목이 되어 주었다.

 끝으로 바쁘신 중에도 기꺼이 출간을 허락해 주신 오랜 인연의 레인보우북스출판사 민선홍 사장님 이하 출판사 식구들께 심심한 감사의 말씀을 드린다.

2022. 3.

대전 연자골에서 김홍설

차
례

제주 올레 1

✈ 3/1(월) _ 14
청주 ▶ 제주

1일차 3/2(화) _ 18
1코스(시흥리 ▶ 알오름 ▶ 종달리 ▶ 성산일출봉 ▶ 광치기 해변)

2일차 3/3(수) _ 30
2코스(광치기 해변 ▶ 오조리 ▶ 대수산봉 ▶ 혼인지 ▶ 온평포구)

3일차 3/4(목) _ 36
1-1코스(우도 천진항 ▶ 하우목동항 ▶ 파평윤씨공원 ▶ 하고수동해수욕장
▶ 우도봉 ▶ 천진항)

4일차 3/5(금) _ 41
3코스B(온평포구 ▶ 신산환해장성 ▶ 신산리마을카페 ▶ 신풍신천바다목장
▶ 표선해수욕장)
4코스(표선해녀의집 ▶ 알토산고팡 ▶ 신흥리포구)

5일차 3/6(토) _ 46
4코스(신흥교차로 ▶ 남원포구)
5코스(남원포구 큰엉입구 ▶ 큰엉출구 ▶ 위미동백나무군락지 ▶ 쇠소깍다리)
6코스(쇠소깍다리 ▶ 검은여쉼터 ▶ 정방폭포 ▶ 이중섭거리 ▶ 제주 올레여행자센터)

6일차 3/7(일) _ 55

20코스(김녕서포구 ▶ 김녕해수욕장 ▶ 성세기태역길 ▶ 월정해수욕장
  ▶ 행원포구 광해군기착비 ▶ 세화오일장 ▶ 제주해녀박물관)
21코스(제주해녀박물관 ▶ 석다원 ▶ 토끼섬 ▶ 하도해수욕장 ▶ 지미봉 ▶ 종달바당)

7일차 3/8(월) _ 58

7코스(제주 올레여행자센터 ▶ 외돌개 ▶ 수봉로 ▶ 법환포구 ▶ 강정천 ▶ 월평포구
  ▶ 월평아왜낭목쉼터)

8일차 3/9(화) _ 62

7-1코스(서귀포버스터미널 ▶ 엉또폭포 ▶ 고근산 정상 ▶ 한라산봉림사 ▶ 하논분화구
  ▶ 걸매생태공원 ▶ 제주 올레여행자센터)

9일차 3/10(수) _ 66

8코스(월평화훼마을단지 아왜낭목쉼터 ▶ 약천사 ▶ 야자수길 ▶ 대포연대 ▶ 주상절리
  ▶ 중문관광단지 ▶ 논짓물 ▶ 대평포구)
9코스(대평포구 ▶ 월라봉 ▶ 창고천다리 ▶ 화순금모래해수욕장)

10일차 3/11(목) _ 73

10-1코스(가파도선착장 ▶ 가파초등학교 ▶ 개엄주리코지 ▶ 가파치안센터)
10코스 역 올레 (하모체육공원 ▶ 운진항 ▶ 하모해수욕장 ▶ 알뜨르비행장
  ▶ 섯알오름 4.3 희생자추모비 ▶ 송악산 ▶ 사계해안가 ▶ 산방연대
  ▶ 썩은다리전망대 ▶ 화순금모래해수욕장)

11일차 3/12(금) _ 82

11코스(하모체육공원 ▶ 모슬포정상 ▶ 정난주 마리아성지 ▶ 신평곶자왈
  ▶ 무릉곶자왈 ▶ 무릉외갓집)
12코스(무릉외갓집 ▶ 나무정자 ▶ 신도생태연못 ▶ 산경도예)

12일차 3/13(토) _ 87

12코스(산경도예 ▶ 신도포구 ▶ 수월봉 ▶ 당산봉 ▶ 용수포구)
13코스(용수포구 ▶ 특전사숲길 ▶ 고사리숲길 ▶ 낙천의자공원)

13일차 3/14(일) _ 93

13코스(낙천의자공원 ▶ 퐁낭 ▶ 저지오름 ▶ 저지정보화마을)
14코스(저지정보화마을 ▶ 큰소낭숲길 ▶ 굴렁진숲길 ▶ 월령선인장자생지입구)

14일차 3/15(월) _ 97

14-1코스(저지정보화예술마을 ▶ 강정동산 ▶ 저지곶자왈 ▶ 문지오름
　　　 ▶ 오설록녹차밭)
14코스(월령선인장자생지입구 ▶ 금능해수욕장 ▶ 협재해수욕장 ▶ 옹포포구 ▶ 용수사
　　　 ▶ 한림항)

15일차 3/16(화) _ 102

15코스B(대수포구 ▶ 수원농로 ▶ 곽지해수욕장 ▶ 하이클래스제주 ▶ 고내포구)
16코스(고내포구 ▶ 다락쉼터 ▶ 남두연대 ▶ 구엄마을)

16일차 3/17(수) _ 107

16코스(구엄마을 ▶ 수산봉정상 ▶ 항파두리 유적지 ▶ 광령1리사무소)
17코스(광령1리사무소 ▶ 외도포구 ▶ 내도 바당길 ▶ 이호테우해수욕장
　　　 ▶ 어영소공원 ▶ 용두암 ▶ 용연구름다리 ▶ 관덕정 ▶ 관덕정간세라운지)

17일차 3/18(목) _ 113

18코스(관덕정분식 ▶ 제주항연안여객터미널 ▶ 화북포구 ▶ 삼양해수욕장 ▶ 닭모루
　　　 ▶ 조천만세동산)
19코스(조천만세동산 ▶ 제주항일기념관 ▶ 신흥리백사장 ▶ 함덕해수욕장)

18일차 3/19(금) _ 121

19코스(함덕해수욕장 ▶ 서우봉 ▶ 북촌포구 ▶ 솔숲 ▶ 동북리마을운동장 ▶ 김녕농로
　　　 ▶ 남흘동 ▶ 김녕서포구)

19일차 3/23(화) _ 125

18-1코스(추자도 상추자항 ▶ 봉글레산 ▶ 묵리슈퍼 ▶ 신양항 ▶ 예초리 ▶ 돈대산
　　　 ▶ 온달산길 ▶ 상추자항)

제주 올레 2

2-1. 부부 올레

✈ 10/15(금) _ 148
청주 ▶ 제주

1일차 10/16(토) _ 151
7코스(제주 올레여행자센터 ▶ 강정천)

2일차 10/17(토) _ 157
17코스(외도포구 ▶ 관덕정분식)

2-2. 나홀로 올레

✈ 11/11(목) _ 164
청주 ▶ 제주

1일차 11/12(금) _ 168
18코스(관덕정분식 ▶ 삼양해수욕장 정자 ▶ 조천만세동산)
19코스(조천만세동산 ▶ 함덕해수욕장)

2일차 11/13(토) _ 178
17코스(외도포구 ▶ 무수천트멍길 ▶ 광령1리사무소)
13코스(저지정보화예술마을 ▶ 저지오름 ▶ 퐁낭 ▶ 낙천의자공원 ▶ 고사리숲길
　　▶ 용수 포구)

3일차 11/14(일) _ 188
16코스(항파두리 코스모스정자 ▶ 항몽유적지 ▶ 희망의 다리 ▶ 수산저수지 ▶ 수산봉
　　▶ 구엄마을 ▶ 중엄매물 ▶ 남두연대 ▶ 신엄포구 ▶ 다락쉼터 ▶ 고내포구)
15코스(고내포구 ▶ 애월카페거리 ▶ 한담해안산책로 ▶ 수원농로 ▶ 대수포구
　　▶ 한림항)

4일차 11/15(월) _ 202
18-1코스(상추자항 ▶ 봉글레산 ▶ 묵리슈퍼 ▶ 신양항 ▶ 예초리 ▶ 돈대산 ▶ 온달산길
▶ 상추자항)

5일차 11/16(화) _ 215
19코스(함덕해수역장 ▶ 동북리마을운동장 ▶ 김녕서포구)
20코스(김녕서포구 ▶ 성세기태역길 ▶ 행원포구 광해군기착비 ▶ 제주해녀박물관)

6일차 11/17(수) _ 225
1코스 역 올레(광치기해변 ▶ 성산일출봉 ▶ 목화휴게소 ▶ 종달리바당길입구)
21코스 역 올레(종달바당 ▶ 지미봉 ▶ 토끼섬 ▶ 석다원 ▶ 제주해녀박물관)
1코스 역 올레(종달리바당길입구 ▶ 알오름 ▶ 시흥리정류장)

7일차 11/18(목) _ 235
1-1코스(우도 하우목동항 ▶ 하고수동해수욕장 ▶ 우도봉 ▶ 천진항)
2코스(광치기해변 ▶ 식산봉 ▶ 제주동마트 ▶ 대수산봉 ▶ 혼인지 ▶ 온평포구)
3코스(온평포구 ▶ 신산리마을카페)

8일차 11/19(금) _ 247
4코스 역 올레(남원포구 ▶ 알토산고팡 ▶ 표선해녀의집 ▶ 표선해수욕장)
3코스 역 올레(표선해수욕장 ▶ 배고픈다리 ▶ 신풍신천바다목장 ▶ 신산리마을카페)

9일차 11/20(토) _ 260
6코스 역 올레(제주 올레여행자센터 ▶ 이중섭거리 ▶ 소라의성 ▶ 검은여쉼터
▶ 제지기오름 ▶ 쇠소깍)
5코스 역 올레(쇠소깍 ▶ 위미1리 ▶ 위미 동백나무군락지 ▶ 큰엉 ▶ 남원포구)

10일차 11/21(일) _ 273
8코스 역 올레(예래동입구 ▶ 중문관광단지 ▶ 베릿내오름 ▶ 주상절리 ▶ 야자수길
▶ 악천사 ▶ 월평아왜낭쉼터)7코스(월평아왜낭쉼터 ▶ 월평포구
▶ 강정천)
7-1코스(서귀포버스터미널 ▶ 엉또폭포 ▶ 고근산정상 ▶ 봉림사 ▶ 하논분화구
▶ 걸매생태공원 ▶ 제주 올레여행자센터)

11일차 11/22(월) _ 284

10코스 역 올레(산방연대 ▶ 화순금모래해수욕장)
9코스 역 올레(화순금모래해수욕장 ▶ 창고천다리 ▶ 월라봉 ▶ 안덕계곡
　　　　　▶ 군산오름정상부 ▶ 박수기정 ▶ 대평포구)
8코스(대평포구 ▶ 난드르삼거리 ▶ 논짓물 ▶ 예래동 마을입구)

12일차 11/23(화) _ 293

14코스 역 올레(금능해수욕장 ▶ 월령선인장자생지입구 ▶ 굴렁진숲길
　　　　　▶ 저지예술정보화마을)
14-1코스(저지예술정보화마을 ▶ 저지곶자왈 ▶ 문도지오름정상 ▶ 오설록녹차밭)
12코스 역 올레(용수포구 ▶ 카페차귀놀 ▶ 당산봉 ▶ 엉알길 ▶ 수월봉입구
　　　　　▶ 신도포구 ▶ 산경도예)

13일차 11/24(수) _ 300

10코스(산방연대 ▶ 사계포구 ▶ 송악산 ▶ 섯알오름 ▶ 하모체육공원)
10-1코스(상동포구 ▶ 장태코정자 ▶ 가파초등학교 ▶ 개엄주리코지 ▶ 가파치안센터)
12코스 역 올레(산경도예 ▶ 신도생태연못 ▶ 무릉외갓집)
11코스 역 올레(무릉외갓집 ▶ 무릉곶자왈 ▶ 신평곶자왈 ▶ 정난주마리아성지
　　　　　▶ 모슬봉정상 ▶ 대정여고 ▶ 하모체육공원)

14일차 11/25(목) _ 313

16코스 역 올레(광령1리사무소 ▶ 항파두리코스모스정자)
14코스 역 올레(한림항 ▶ 협재해수욕장 ▶ 금능해수욕장)

✈ 11/26(금) _ 322

제주 ▶ 청주

제주 올레 1

✈ 3/1(월)

청주 ▶ 제주

모두 파이팅!

3월 첫 날 봄비가 나를 재촉한다. 봄을 좋아하는 나는 만물을 소생시키는 봄비와 함께 버스와 비행기에 대장정의 몸을 실었다. 이번 여행이 그동안 잠들어 있었던 나를 일으켜 세웠다는 데에서 봄비와 내가 어울린다. 제주공항은 평일 오전이라 비교적 한산하였다. 나는 제주국제공항 1층 종합안내센터에 가서 예매해 둔 제주 올레 패스포트를 수령하였다. 이때의 설렘은 극에 달했다.

나는 올레길 1코스부터 걷기 위하여 예약해 놓은 숙소 방향으로 버스를 타고 이동하였다. 차창 밖에는 빗방울이 봄을 맞는 제주 돌담에 한 폭의 수채화를 그려내고 있었다. 40여 석의 버스는 승객이 1/3 정도밖에 차지 않았다. 제주 도민 반, 관광객 반 정도인 것 같았다. 고성리에 하차하여 늦은 점심을 해결한 후 숙소를 찾아 나섰다. 나는 처음에 공사하다 부도난 폐 건축물인 줄 알고 숙소를 그냥 지나쳤다. 외벽이 페인트칠을 하지 않은 누드 공법의 건물이었던 것이다. 내가 근무하고 있는 건물도 2000년대 초반에 지어진 누드 공법 건물이다. 그 건물은 교육공간으로는 효율성이 매우 떨어지는데 국무총리 표창을 받았었던 것으로 기억한다.

제주 올레 패스포트

　호텔 프런트는 창고형태로서 깜짝 놀랄만한 콘셉트였다. 조명은 희미하여 어둠침침한데 직원들은 손님들 서비스 응대에 바빴다. 알고 보니 이 호텔은 전형적으로 젊은 여행자들을 위한 숙소였다. 호텔 객실 내부는 1명이 간신히 사용할 만한 공간이었는데 젊은이가 아닌 나도 그럭저럭 지낼 만 하였다. 1박에 3만 원이 채 안 되는 저렴한 호텔인데 비좁은 것을 제외하고는 위생 상태나 시설은 5성급 호텔 수준이었다. TV, 냉장고는 없었다. 단기간 체류를 위한 곳이며 혼자 사색하기에는 좋은 호텔인 것 같았다. 이 호텔의 특이한 점 또 한 가지는 그동안 머물렀던 여행객이 메모해 놓은 것들이 고스란히 진열되어 있다는 것이다. 그중 하나는 내용이 이렇다.

이 숙소에 머물기를 정하신 분들 중 대부분은 삶의 덫에 빠진 분들이 많을 것이라 생각합니다. 힘이 들거나 방향을 못 잡았거나 전력을 소모하신 분들이 들른 주유소쯤일까요? 저도 지난 1년간 나름 힘들고 고된 시간을 보냈습니다. 길도 보이지 않아 등불을 밝히려 노력했습니다. 하지만 그 등불은 잘 켜지지 않더군요. 그 등불은 정말 가끔 돌아버리기 직전에 한 번씩 반짝이더군요. 그래서 저는 그 한 번씩 반짝임, 그 반짝임이 알려주는 나의 길을 걷고자 합니다. 언젠가 끝이 날지 아니면 꺼지지 않는 불꽃일지 모르는 삶, 우리 한번 멋지게 살아보자고요. 제가 다시 방문할 때는 삶의 지도를 더 많이 그려서 여러분께 보여드리겠습니다. 모두 파이팅!

심금을 울리는 멋진 글이 아닌가. 어떤 사연이 있었을까 무척 궁금하다. 나도 가끔 한 번씩 반짝이는 불빛일지라도 그 빛에서 멋지게 살아보기로 마음먹는다. 짐 정리를 간단히 한 후 광치기 해변 근처로 나가서 잠깐 산책을 하였다. 성산일출봉을 배경으로 한 유채 밭이 펼쳐져 있어 분위기가 끝내줬다.

저녁은 편의점 도시락으로 해결하였다. 나는 여행 출발 전부터 1인 식사가 가능한 식당이 별로 없다는 것을 알았고 코로나 상황이 안 좋으므로 가급적 격리된 식사를 할 생각이었

유채꽃과 성산일출봉

다. 편의점의 프로모션인 2+1을 잘 이해하지 못하여 밥 먹고 다시 가서 오렌지 주스를 하나 더 받았다.

봄비가 저녁까지 내리다 그치기를 반복하였다. 그런데 왜 이렇게 구슬프게 오는지 모르겠다. 겨우내 움츠렸던 대지를 촉촉하게 적셔주는 반가운 봄비지만, 나 같은 트레킹 족에게는 불청객일 수 있다. 사회는, 또는 인생은 그 규모가 크든 작든 항상 상대적인 상황과 맞물려 돌아가기 마련이다.

내일 역사적인 제주 올레 대장정의 첫 발을 떼기 위해 스르르 잠에 빠져들었다.

1일차 3/2(화)

1코스(시흥리 ▶ 알오름 ▶ 종달리 ▶ 성산일출봉 ▶ 광치기 해변)
24.17km … 31,792걸음

안녕 종달리

제주는 유명한 맛집들이 많다. 이곳 고성리 숙소 근처에도 소문난 맛집이 있다. 제주의 첫 아침에 나는 숙소 근처에 있는 갈치조림전문 맛집 △△식당에 가봤다. 그런데 대기하고 있는 줄이 생각보다 꽤 길었다. 거리두기 시국인 지금 '물리적 거리' 없이 줄을 서서 기다리는 풍경을 처음 보았다. 나는 옆집에서 갈비탕으로 든든하게 배를 채웠다.

1코스 시작점으로 이동하기 위하여 1번 코스 방향인 고성리 제주은행(동)역에서 버스를 기다렸다. 그런데 한참 동안 버스가 오지 않는다. 정류장에 붙어 있는 노선표를 읽기도 어렵고 헷갈린다. 여기서 1시간 이상 헤맸다. 대장정 처음부터 삐걱거렸다. 올레길이 순탄치 않을 것임을 직감하는 순간인가 아니면 액땜인가. 헤매고 있는 나를 간파한 근처 택시기사가 회유하며 택시로 가자고 한다. 1코스 시작점인 시흥초등학교 앞까지 요금이 5,000원 밖에 안 나온다고 하면서 말이다. 여기 버스정류장 뒤에 빈 택시가 줄지어 있는 것을 보니 아마 나같이 헤매는 사람이 꽤 있는가 보다. 약간 불쾌하기도 하였다. 내가 잠시 거리를 두며 머뭇거리자 택시기사는 '여기는 버스가 많지 않고 저쪽에 가서 타라'고 안내하였다. 나는 거기서부터 본격적으로 길을 헤매기 시작하였다. 택시기사가 너무 멀리 있는 정류장으로 안내한 것이다. 나중에 알았는데 바로 길 건너에 위치해 있는 고성리 제주은행(남) 정류장에 버스 노선이 많아 시흥리에 쉽게 갈 수 있었다. 정류장을 찾기 위해 길을 가는 아주머니, 편의점 점원, 버스 기사 등에게 물으니 많이 친절하지 않다. 아직 올레길에 첫 발을 떼지도 않았는데 체력소비가 엄청났다.

  나는 이번 올레길은 렌터카는 물론 택시를 가급적 타지 않기로 하였다. 버스나 도보로 이용하기로 작정한 것이다.

  첫날이라 적응이 안 되고 긴장하여 힘들었지만 결국 찾아온 제주 올레 1번 코스는 공항에서 올레 패스포트를 받아들었을 때의 기분처럼 가슴이 콩닥콩닥 뛰어오르게 만들었다.

  숙소에서 나온 지 1시간 30분만인 10시 30분에 역사적인

1코스 시작점

제주 올레 1코스 지점을 출발하였다. 예상 시간보다 좀 지체되었으나 발걸음은 가벼웠다. 1코스 시작 지점부터 DSLR 카메라 셔터를 쉴 새 없이 눌러댔다. 주택가를 지나 좌우로 채소밭이 이어진 길은 비가 온 뒤라 촉촉하고 부드러웠다. 1번 올레 안내소를 잠깐 들른 뒤 두산봉, 알오름(말산메)을 향하여 비탈길, 계단길을 올랐다.

두산봉 오르는 길

ㄷ자형 출입문

오름 정상부 입구에 'ㄷ'자 형태의 재미난 출입문이 있었다.

　이 출입문은 말이나 소 등의 출입을 막기 위해 설치된 것이라고 한다. 그런데 여기 출입구는 꽤 큰 편이었지만 어느 곳에는 허리둘레가 큰 사람은 지나가기 힘들 정도의 좁은 통로의 출입문도 있었다. 두산봉 정상부 능선에서 바라보는 성산일출봉까지의 시흥리 벌판은 그야말로 한 폭의 수채화나 유채화의 대작이었다. 중학교 때 잠시 미술부에 있었던 나는 성인이 되어서 이런 멋진 풍경을 보면 화폭에 담고 싶었고 직접 그림을 그리기도 하였다. 그러나 지금은 사진기로 또는 눈과 가슴으로만 담는다.

시흥리 밭과 성산일출봉

종달리의 아름다운 벽화

두산봉 능선을 지나 알오름을 오르는 도중 사뿐사뿐 걷고 있는 젊은 여행자들의 맑고 건강한 모습을 보니 부럽기만 하다. 그들을 옆으로 하며 천국을 걷는 기분으로 알오름을 내려왔다. 종달리 마을은 아기자기한 벽화와 건물들이 많아 시선을 사로잡는다.

종달초등학교 교문 옆 돌하르방이 마스크를 쓰고 있는 것을 보고 웃음이 나왔다. 이후 마스크는 일상이 되어버렸으니 세상은 참 알다가도 모를 요지경이다. '안녕! 여기는 종달리'가 적혀 있는 아름다운 집은 종달리 마을의 하이라이트다.

안녕! 여기는 종달리

오징어

　종달리 마을에서 성산일출봉 방향으로 가는 길에는 두문포항, 종달항이 펼쳐진다. 이곳에서 성산일출봉을 바라보며 펼쳐지는 풍경은 미국 플로리다의 펜사콜라, 더스틴 해변보다 훨씬 아름답게 느껴진다. 오징어를 말려놓은 모습은 어디서 쉽게 만나보기 어려운 독특한 장면이다. 물론 어민들은 아름다움이나 장식을 위하여 널어 말리는 것이 아닐 텐데 관광객들은 이 광경에 감탄한다.
　동남아 오지 다랭이논 마을을 담기 위하여 출사 갔을 때의 상황과 다를 바 없다.
　소△네 보말국은 진하고 얼큰하여 지친 몸의 피로를 풀어주기에 그만이었다. 반찬도 정갈하였다. 보말은 고동의 제주 방언이다.

성산포종합여객터미널을 뒤로 하고 성산일출봉을 바라보며 걷는 길은 압권이다. 시인 이생진 거리에 시비가 세워져 있다. 시를 읽노라면 잠시 시인이 된 기분에 빠져든다. 더불어 성산 앞바다의 출렁이는 파도소리에 넋을 잃고 있다가 정신을 차린 후 동영상으로 담아 지인들에게 전송하였다.

성산일출봉 앞을 지나가면서 옛날 대학시절 고교 친구들과 무전여행 왔을 때, 이곳에서 있었던 추억을 되새겨보았다.

오후 3시경에 숙소에 도착하였다. 제주에 오기 전부터 컨디션이 좋지 않은 몸이었는데 갑자기 몸살 기운이 몰려와 얼른 방 온도를 높였다.

편의점 도시락 식사를 한 후, 산방산 출신 김 교수와 통화하던 중, 대학 동기인 이 수석이 산방산 근처에 왔다는 정보를 얻었다. 결과적으로, 이 수석과의 만남이 내가 205일 만에 100대 명산을 완등한 계기가 되었다.

성산일출봉

2일차 3/3(수)

2코스(광치기 해변 ▶ 오조리 ▶ 대수산봉 ▶ 혼인지 ▶ 온평포구)
29.02km … 38,059걸음

이 수석 부부와의 운명적인 만남

기어코 어제 실패한 맛집 △△식당의 맛을 보기 위하여 아침 일찍 숙소를 나섰다. 8시 30분에 오픈하는데 일찍 예약표를 준다고 해서 약 한 시간 전에 가봤다. 그런데 아뿔싸! 식당 출입문에 '일, 수 휴무'라는 문구가 붙어 있는 것이 아닌가. 오늘이 때마침 수요일이다. 가는 날이 장날이라더니…….

블로그를 검색해보니,

월, 수 휴무 7~8월
매일 08:30~12:00
연중무휴, 재고 소진 시까지 영업.

이렇게 쓰여 있다. 이게 무슨 뜻인가.

혹시나 해서 식당에 전화해봤더니 '수요일 오늘 휴무'라고 자동 메시지가 뜬다. 그렇다면 위의 문구는 두 군데 잘못되었다.

월, 수 휴무 및 7~8월 휴무
08시 30분부터 재고 소진 시까지 영업.

이렇게 써야 이해하기 쉽다.

제주 올레에 관한 정보를 얻기 위해 나는 인터넷 블로그를 이용한다. 그런데, 블로그에 이 코스는 난이도가 '높다', '낮다', '중간이다' 또는 별 몇 개를 그려 놓고 표시를 해놓은 경우가 대부분이다. 모두 바로잡아야 할 것들이다. (사)제주 올레 홈페이지에도 그렇게 적혀 있다. 난이도 상, 중, 하 이런 표기는 맞지 않다. 난이도 상이 '어려움'의 상인지, '쉬움'의 상인지 모호하므로 '난도' 상, 중, 하 또는 난이도 '어려움', '보통', '쉬움' 등으로 표기해야 한다. 특히, 스포츠 중계방송에서 해설자들이 '난이도가 높다, 낮다'는 표현을 많이 쓰는데, 이는 반드시 바로잡아야 할 것이다.

맞춤법은 어렵다. 그래서 나도 맞춤법 때문에 애를 많이 먹는다. 내 수준에서 맞춤법과 관련된 글을 써도 되는지 모르겠지만, 최대한 노력해서 우리말과 글을 아끼고 사랑해야지 않는가. 골프 용어는 골프가 서양에서 도입되었고 그 역사가 일천해서 그런지 잘못 사용하고 있는 경우(콩글리시)가 허다하다.

　나는 도리 없이 편의점에서 아침을 해결하고 호텔 체크아웃 후, 2코스를 힘차게 출발하였다. 2코스는 광치기 해변을 출발하여 내수면 둑길, 식산봉, 오조리 코스를 지나가는 코스로 이어진다. 그런데 때마침 악성가축전염병 차단방역 출입금지 표지판이 올레길을 가로막고 있었다. 그래서 차단되지 않은 길로 우회하여 걸어 나오고 있는데, 방역관이 "어떻게 여기까지 들어왔느냐."며 나의 신발, 몸에 무차별 방역 살포를 하는 것이었다. 나는 "길을 잘 몰라 이 길로 들어오게 되었다. 죄송하다."고 하며 부리나케 빠져나왔다. 내가 고의로 방역관이 있는 곳으로 간 것이 아니라 유채꽃과 성산일출봉이 조화를 이루는 풍경에 빨려들어 나도 모르게 그쪽으로 발길이 옮겨진 것이다. 마치 꿀벌이 꽃을 향해 날아가는 것처럼 말이다.

　나는 이 수석 부부와 약속한 점심식사 장소에 가서 자리를 잡고 갈치구이와 조림을 주문하였다. 35,000원짜리 갈치조림을 시켰는데, 식당 사장님이 "몇 명이냐."고 인원을 물어보더니 3명이면 단가가 안 나온다며 45,000원짜리를 시켜야 한다고 하였다. 야박한 마음이 들었으나 식당 측에서 주장하는 대로 주문하였다. 대학 동기인 이 수석은 부부가 함께 렌터카 여행 중이었다. 작년에 부부가 동시에 교직에서 명예퇴

직하고 이번에 제주 천주교 순례길 투어를 하고 있다고 하였다. 나는 이 세상에서 가장 행복한 부부라고 칭찬하였다.

갈치 한 마리가 통째로 나오는 갈치구이와 조림을 함께 하면서 대화를 나누던 중 이 수석이 작년부터 BAC 명산100 프로그램을 도전 중이며 현재 40개의 산을 올랐다고 하였다. 나는 그동안 그 프로그램은 들어보긴 하였으나 한 귀로 흘려보내 큰 기억이 없었다. 가볍게 흘려들은 이 정보가 나중에 그렇게 큰 성과로 연결될 줄이야 누가 상상했겠는가. 내가 미리 음식 계산을 하였다고 하니 이 수석은 나에게 고마워하며 한라봉 두 개를 선물하였다. 나는 친구들이나 지인들을 만날 때 가급적 먼저 계산을 한다. 계산을 먼저 하는 이유는 내가 돈이 있어서가 아니라 지금 만나고 있는 사람에게 '당신을 소중하게 생각하는 내 마음'을 표현하고 싶어서 그런 것이다. 탐스런

이 수석과의 만남

한라봉 2개를 가방에 넣고 나머지 2코스에 힘찬 발걸음을 옮겼다.

이 수석의 선물

대수산봉 정상에 오르니 시흥리, 광치기 해변, 성산일출봉과 이병헌, 송혜교의 올인 촬영지로 유명한 섭지코지가 한 눈에 들어온다.

제주 삼성(고씨, 양씨, 부씨)신화에 나오는 혼인지 마을을 지나 2코스 종점인 온평포구에 다다르면 쪽빛 바다의 잔잔한 아늑함이 온몸 속으로 밀려온다.

숙소에 돌아온 나는 짐을 찾아 성산일출봉 부근에 위치한 △△△△민박(펜션·게스트하우스)집으로 향하였다. 이곳은 할아버지와 할머니가 조그마한 가게와 민박집을 운영하고 있었다. 올레 패스포트를 보여주면 몇 % 깎아 준다. 아직 이른 봄이고 코로나 상황이라 그런지 객실은 손님이 거의 없었다. 나는 1인실을 예약했는데 할아버지가 2인실로 업그레이드시켜

주셨다. 지금은 이런 밀집된 도미토리 형태의 숙소는 대부분 회피하기 때문에 방이 남아돌 것이라고 예측했던 것이 적중하였다. 어제의 숙소는 온풍기로 방의 온도를 조절하는 서양식이었는데 반하여 여기는 온돌식이다. 나는 온돌식을 좋아한다. 온풍식은 밤에 잘 때, 그리고 자고 일어나면 몸이 개운하지 않다. 그리고 이곳 민박집은 공동 주방으로 사용되는 거실이 있었는데, 내가 혼자 사용하다시피 하였다. 저녁에 마트에서 쌀과 밑반찬을 사서 밥을 해 먹었다. 집을 떠난 지 며칠 되지도 않았는데 집 밥이 이렇게 맛있는 줄 새삼 알았다. 이 때문에 내가 이곳에 며칠 더 머물게 되었다.

거실에서 밥을 혼자 먹으면서 작은 화분에 쓰여 있는 글이 눈에 들어와 읽고 음미해 본다.

혼자 있는 사람은 아무것도 아니다. 함께하는 두 사람이 세상을 만든다.

대전 친구에게 보내주니 그 친구는 이런 글을 보내왔다.

밥 먹고 좋은 자리에 함께하는 친구는 수없이 많다.
그러나 정말 내가 곤경에 처했을 때, 손잡아 주고 진심으로 마음을 함께하는 친구는 거의 없다.

혼자보다 둘이 좋은데, 그 둘, 즉 친구도 옳은 친구여야 한다는 것으로 해석하고자 한다.

3일차 3/4(목)

1-1코스(우도 천진항 ▶ 하우목동항 ▶ 파평윤씨공원 ▶ 하고수동해수욕장
▶ 우도봉 ▶ 천진항)
16.96km … 21,880걸음

홍순이와의 만남

사실 이쪽 성산일출봉 부근으로 숙소를 정한 중요한 이유가 우도를 쉽게 가기 위해서였다. 물소가 주둥이를 내밀고 일어나는 모양처럼 생겼다고 해서 이름이 붙여진 우도는 배를 타고 이동해야 하므로 여러 가지 신경이 쓰인다.

7시경에 눈을 떴는데, 비가 내린다. 잠시 고민을 해 본다. '오늘 하루 쉴까.' 여행 초기인데 하루를 그냥 숙소에서 흘려보내면 너무 아쉬울 것 같아 우비를 가방에 챙겨 넣고 숙소를 나섰다.

우도 해변길

  8시 30분 발 천진항 배에 입선하였다. 15분 정도 소요되는 운항거리에 왕복 10,000원이다. 천진항을 지나 걷는 해변 길은 비가 내리는데도 정감이 어렸다. 이곳 우도 해변에서 성산일출봉을 바라보는 광경 또한 한 폭의 그림이었다.

  해안가에서 하우목동항을 지나 섬 내륙으로 좁은 길을 따라 걸었다. 우도 내륙으로 들어서니 밭농사 짓는 광경이 정감 어리게 펼쳐졌다.

  길에 고인 빗물이 신발 속까지 파고들어 왔다. 그래도 걸을 만하다. 여기도 파평윤씨 집성촌이 있었다. 파평윤씨 공원 근처에 말들이 비를 맞으며 풀을 뜯고 있다. 아마 코로나가 아니었으면 이 말들은 승마 체험장에서 관광객들을 대상으로 신나게 돈을 벌고 있었을 것이다. 하수고동해수욕장 근처 음

제주 올레 1   37

식점과 커피숍들은 재미난 문구들과 아기자기한 소품들로 가득하였다. 여기 우도는 특히 초소형 삼륜 전기차가 관광객들 투어 상품으로 인기가 있는 모양이다.

 해수욕장을 지나 우도봉 쪽으로 가는 길에서 어디서 나타났는지 진돗개 한 마리가 나를 따랐다. 앞서거니 뒤서거니 곳곳에 영역표시를 하면서 리드하고 따라온다. 배고파서 그러

홍순이

는 것 같아 초콜릿을 줘도 안 먹는다.

순간 이런 생각이 스쳐갔다. 이 진돗개는 나와 전생의 친구였나. 내가 개를 좋아하는지 어떻게 알았지. 이렇게 우도봉 근처까지 긴 거리 동안 나를 호위하였다. 나는 전생의 친구였던 이 우도 진돗개를 홍순이라 불렀다. 홍순이는 시골집 벨지안 말리노이즈견 이름이다. 홍순이와 작별하는 아쉬움을 달래며 빠르게 걸었다. 비 때문인지 발바닥 상태가 좋지 않다. 나의 올레 신발은 방수가 전혀 되지 않는 조깅화다. 천진항에서 11시 30분 출항 배에 승선하였다.

숙소에 도착하여 비에 젖은 옷과 신발을 세탁한 후 잠시 휴식을 취하였다. 거실 저편에 좋은 글귀가 또 눈에 들어와 친구에게 보냈다.

끌리는 사람일수록, 그 사람을 소유하려 하지 말고 같이 있는 그 시간을 즐겁게 보내려고 해라. 그래야 다음번에도 만날 수 있다. 잡으려 하지 말고, 바라는 것 없이 그냥 서로 즐거울 때 그 인연은 계속된다.

몇 해 전 중국 황산에 출사 갔을 때의 기억이다. 열댓 명이 한 팀을 이루어 간 패키지여행이었다. 팀원들의 연령은 60대 중반 이상이 대부분이었다. 내가 그 때 50대 초반이었으니 젊은 편에 속하였다. 어느 날 대기업에서 정년퇴임하였다는 한 분이 호텔 거실에서 일행들과 대화를 나누고 있었다. 그 여행자는 동반한 손아랫동서와 식사 때마다 반주를 하였다. 관악산에 있는 대학을 나온 그는 젊었을 때 아주 잘 나갔다고 하였다. 그러면서 앞만 보고 달려오다 보니 어느 순간 주위에 친구들은 하나도 없고 혼자가 되어 있었다고 하였다. 회사에서는 잘 나갔으나 그의 독선적이고 남을 무시하는 언행들 때문에 주위에 친구들이 하나둘씩 사라진 것을 정년퇴임하고 알았다는 것이다. 때늦은 후회를 하고 친구들에게 접근을 시도하였으나 이미 간극이 너무 벌어져 봉합이 불가능하였다고 취중 뉘우침 연설을 하고 있었다. 나는 그 사람들과 조금 떨어져 중등교감으로 정년퇴임하신 분과 대화를 나눴다. '내 주위에 큰 소리로 나를 리드하는 친구가 있다'고 하니, 그 분은 '일방적 리드 관계가 아닌 수평적으로 관계를 맺는 친구가 오래갈 것'이라고 하였다. 많은 생각을 하게 만드는 황산 여행이었다.

  이번 여행에서 중요한 요건인 식사 문제를 원만하게 해결할 수 있는 이곳 민박집이 마음에 들어 3박 연장하였다.

4일차 3/5(금)

3코스B(온평포구 ▶ 신산환해장성 ▶ 신산리마을카페 ▶ 신풍신천바다목장
▶ 표선해수욕장)
4코스(표선해녀의집 ▶ 알토산고팡 ▶ 신흥리포구)
33.51km ⋯ 43,119걸음

총무님

어제 충분히 쉬었으니 오늘은 3코스B와 4코스중반까지 도전해보기로 한다. 탄력의 시동을 걸어보고자 하는 의욕이 충만하다. 아침 일찍 숙소를 나섰다. 그런데 급하게 나섰기 때문인지 버스에 타고 보니 허리벨트를 빠뜨렸다. 더더욱 문제는 안경도 쓰지 않고 나온 것이다. 몸에 붙어 있어야 할 것 가운데 두 가지의 개운치 않은 미착용이다. 그래도 다시 숙소로 복귀해야 하는 중차대한 불편함은 아니라고 판단한 나는

버스의 빈자리에 앉아 숨을 고른다. 만약, 올레 패스포트나 휴대전화를 놓고 왔더라면 반드시 숙소로 되돌아가야 하는데 허리벨트와 안경 정도는 괜찮다. 바지도 많이 흘러내리지 않고 내 시력이 그만큼 크게 나쁘지는 않다.

　3코스 출발점인 온평포구의 날씨는 그야말로 싱그러움 그 자체였다. 3코스는 A코스와 B코스로 나뉘어져 있는데 나는 바다를 보며 걸을 수 있는 B코스를 택하였다. 해안가는 구름 한 점 없이 시리도록 맑았다. 비가 온 뒤라 그런지 하늘은 남쪽 바다 수평선 끝이 다 보일 정도였다.

　이곳 주민들은 매일 시야가 탁 트인 곳에서 생활하기 때문에 시력이 좋을 것 같다는 생각이 들었다. 마치 몽골 초원 사람들 중에 안경 쓴 사람을 찾아볼 수 없듯이 말이다.

　기온 또한 많이 올라 아열대의 온풍이 옷깃 사이로 스며들고 있다. 이러한 기분을 공유하고자 동창회 발전을 위하여 고

온평포구 앞 바다

생하고 있는 △△학교 동창회 총무님들에게 카톡을 보냈다. 이윽고 기분 좋은 답글이 도착하였다.

나는 해안길인 신산 환해장성길을 따라 걸으며 파도소리에 젖어 들어갔다. 환해장성은 배를 타고 침입하는 외적을 막기 위해 해안선을 따라 쌓은 돌 성이다. 옛 문헌에선 탐라의 만리장성이라고 기록하기도 하였다고 한다. 해안선을 따라 성벽을 쌓을 정도라면 외적 중 왜구의 침입이 얼마나 극심했을까 짐작해 본다.

환해장성길을 걷다보면 군락을 이루고 있는 야생초가 눈에 들어온다.

갯강활이다. 왜당귀라고도 불리는 이 갯강활은 신선초, 당귀와 비슷하다. 남해 거문도에서 많이 자란다고 한다. 가만히 생각해보니 시골집 뒷산에도 이 갯강활이 많았다. 봄에 어린 순을 삶아 먹었던 기억이 난다.

갯강활

한낮으로 갈수록 기온이 많이 올라 옷이 땀으로 젖는다. 내일은 여름용 바지를 입어야겠다. 물론 반팔도 준비해야 한다. 예전에 외국에 머무르면서 야외활동을 할 때 섭씨 10도(화씨 50도)가 넘어가면 반팔을 입을 수 있고 26도(화씨 약 80도)가 되면 반바지를 착용할 수 있다는 것을 경험으로 깨달았다.

컨디션이 좋았던 때문이었는지 12시경에 3코스 종점인 표선 비치해변에 도착하였다. 점심 식사를 위하여 근처 '△△간장게장집'에 들어갔는데 간장게장은 조금 비싸서 시키지 못하고 약간 저렴한 성게미역국으로 대신하였다. 12,000원인 성게미역국에 성게 알은 몇 알 보이지 않았다. 문득 예전 조교 시절에 어느 대학원생이 기숙사행정실로 찾아와 "회덮밥에 왜 회가 안 보이느냐."고 그릇 채 들고 따지는 바람에 진땀을 뺐던 기억이 되살아났다. 16,000원짜리 간장게장을 누가 옆에서 먹고 있는 것을 살짝 보았는데 엄청 맛있어 보였다. 앞으로는 꼭 간장게장을 시켜 먹어야겠다고 때늦은 다짐을 해 본다.

4코스 중간스탬프 지점인 알토산고팡을 지나 신흥리 포구까지 오늘 30km를 걸었다. 지금까지 가장 많이 걸었다. 오늘의 대장정은 파도소리가 나를 매료시킨 특별한 기억이 남는 걸음이었다. 그런데 지도를 보고 사진, 동영상을 많이 찍다보니 휴대전화 배터리가 금방 닳았다. 미리 준비한 보조배터리도 신통치 않았다. 하는 수 없이 성산동 편의점에서

24,000원을 주고 10,000mAh 보조배터리를 구입하였다.

  민박집에서의 밥솥으로 직접 해먹는 저녁은 반찬은 궁해도 항상 당긴다. 오늘 저녁도 기분 좋게 식사를 하였다. 내일도 모레도 일찍 출발하여 소기의 목적을 달성하자고 다짐을 하며 잠을 청하였다.

5일차 3/6(토)

4코스(신흥교차로 ▶ 남원포구)
5코스(남원포구 큰엉입구 ▶ 큰엉출구 ▶ 위미동백나무군락지 ▶ 쇠소깍다리)
6코스(쇠소깍다리 ▶ 검은여쉼터 ▶ 정방폭포 ▶ 이중섭거리 ▶ 제주 올레여행자센터)
36.43km … 47,806걸음

 1885, 7330

눈이 찌뿌둥하다. 밤새 잠을 설친 것이다. 나는 잠을 잘 잤는지를 누워서 눈을 떠보고 평가한다. 눈꺼풀에 가볍게 잘 떠지면 숙면을 취한 것이고, 눈가가 충혈된 것 같은 느낌이 들면 잠을 제대로 못 이룬 것이다. 오늘은 추워서 일찍 잠에서 깼다. 보일러 온도 조절 장치가 거실에 있는데, 민박집 사장님이 새벽에 보일러 온도를 낮춘 것이다. 나는 올려놓고, 사장님을 내려놓고를 반복한다. 나한테 춥지 않느냐 물어보았으면 더욱

좋았을 텐데 안타깝다. 오늘이 세 번째다. 첫날 "왜 보일러 온도를 낮추셨냐."고 내가 웃으면서 얘기했는데도 3일간 똑같은 패턴을 보인다. 보일러 기름 값이 많이 걱정되는가 보다. 그렇지만 이런 것이 동절기 투숙객 모집에 치명타인 것을 모르시는가 보다. 민박사이트에 이 민박집은 난방에 문제가 있다는 후기라도 남기면 더욱 치명적일 것이다.

추위를 많이 타는 내가 3일간 온도와의 전쟁을 치르면서 여기에 계속 머문 이유는 독방을 쓸 수 있고 거실에서 '언택트 취사'를 할 수 있다는 것이었다. 이것이 추위의 고통을 이겨낼 만한 가치가 있다고 판단한 것이다. 또한 세탁기를 이용할 수 있는 것도 주요 요인이었다. 이런 얘기를 친구한테 털어놨더니 친구가 이런 글을 보내왔다. 유명한 글귀를 인용한 것이다.

우리는 돈을 벌기 위해 건강을 희생한다.
그런 후, 건강을 회복하기 위해 돈을 희생한다.
우리는 미래에 대하여 너무 걱정해서 현재를 즐기지 못한다.
결국, 우리는 현재에 살지도 못하고 미래에 살지도 못한다.
우리는 마치 삶이 영원한 것처럼 생각하며 살다가
제대로 살아보지도 못하고 생을 마친다.

많은 깨달음을 주는 글귀다. 오늘도 열심히 살아보자.
201번 버스가 고성리에서 10여 분 동안 출발하지 않고 정차하고 있다. 여느 때면 기분이 안 좋았겠으나 지금은 다 이해하고 기다린다. 이것이 올레에서 배우고 수련하는 것 가운데 하나다. 이른 아침이라 그런지 승객은 나 혼자다. 특히 토요일 아침이라 승객이 없는 듯하다.

오늘 4코스 남은 구간과 5코스까지 완주하고 욕심을 내어 6코스도 일부 걸어보기로 한다. 38km, 50,000보에 도전한다. 그런데 발가락이 문제다. 어제 오른쪽 새끼발가락이 아파 밴드로 감았다. 오늘은 발바닥이 아플 것 같다. 틈나는 대로 신발도 벗고 스트레칭을 해야 한다. 발도 발이지만 무엇보다도 허리가 제일 걱정된다.

8시 50분에 4코스 신흥교차로를 '치유올레'로 출발하였다. 아침부터 싱그러운 쪽빛 바다가 펼쳐지는 해안가를 따라 걸었다. 모로코 카사블랑카 셰프샤우엔을 본 따 만들어진 예쁜 집이 있는가 하면 금방 허물어질 것 같은 낡은 빈집도 많다. 해안가의 집의 색깔도 그렇고 좀 멋지게 지으면 얼마나 좋을까. 제주관광이 더욱 활성화될 텐데, 하는 생각을 하면서 걷는다. 이탈리아 친퀘테레, 카프리섬 등의 화려함과 아름다운 장면들도 머리를 스친다. 코스의 옆 건물 벽에 '꽃보다 아름다운 것은 그대와 함께하는 순간입니다.'라는 멋진 문구가 보인다.

민박집 거실에서 보았던 문구와 의미가 비슷하다. 여행은 정녕 함께하는 것인가.

옥돔역도 보인다.

제주에 기차가 다니는 줄 알았다. 이곳은 옥돔이 많이 잡히는 곳인 것 같다.

4코스 종점 부근에서는 한라산 정상이 선명하게 눈에 들어온다. 백록담 정상부 기슭에는 눈이 아직도 남아 있다.

그대와 함께 하는 순간

옥돔역

오징어

　5코스에 다다르니 1코스 목화휴게소 근처 해안가에서 보았던 오징어 말려놓은 장면이 펼쳐진다. 여기는 알록달록 바람개비까지 걸려 있어 아름다움을 더해주고 있다.
　남원읍 문화의 거리를 지나간다. 5코스의 명소인 한반도지형 또한 사진 찍는 사람들은 많지 않았으나 한두 팀이 전세를 놓고 있었다. 나는 각도가 잘 안 나오지만 폰 렌즈에 흔적만 남기고 계속 걸었다. 이곳 큰엉 입구에서 출구까지가 매우 아름다운 해안 올레길이다. 한반도지형을 빠져나오니 정말 신세계가 펼쳐진다. 단체 관광객들도 많이 찾아오는 곳 같다. 아내도 예전에 지인의 소개를 받아 친구들과 이곳에 와봤다고 하였다.
　나는 아쉽게도 한가인 주연의 건축학개론 촬영장소 남원위미항 카페서연의집을 그냥 스쳐 지나가고 말았다.
　걷는 도중 오른발가락이 아파서 양말을 벗어봤더니 중간발가락에서 피가 난다. 어제는 새끼발가락이 아파 밴드로 감쌌고 오늘은 중간 발가락을 밴드로 감았다. 준비한 양말 한 켤

동백나무 꽃

레를 덧신고 6코스까지 강행군을 펼쳤다.

　동백나무 군락지 부근에서 1885란 차량의 번호판을 보았다. 순간 나는 가슴이 뛰었다. 1885는 우리나라 최초 사립대학인 배재학당 창립 연도인 것이다. 배재학당에 몸담은 지 20여 년이 지난 나는 예전에 7330이란 주제로 신문 칼럼을 쓴 적이 있다. 나는 그 칼럼의 첫 문구에 '우리 집 아파트 주차장에 7330이란 번호판을 달은 차량이 있는데 그 차량을 볼 때마다 가슴이 뛴다…', 이런 문장으로 글을 이어갔던 기억이 난다. 7330은 국민건강증진 생활체육 슬로건이다. '7' 일주일에 '3' 세 번, '30' 한 번 운동하는데 30분 이상 이렇게 운동을 하자는 것이다.

　동백나무는 겨울철에 활짝 피는데 지금도 더러 올레꾼에게 꽃을 보여주고 있다. 바닥에 떨어진 잎이 그렇게 아름답지는 않지만 그래도 볼 만하다.

　동백나무 꽃은 두 번 핀다고 한다. 한 번은 가지에 붙어서 피고 한 번은 바닥에 떨어져서 핀다고 한다.

쇠소깍

　대부분의 꽃은 떨어지면 볼품이 없는데 바닥에 떨어진 꽃 가운데 가장 아름다운 꽃은 능소화일 것이다. 명예, 이름을 날림의 꽃말을 가지고 있는 능소화는 꽃이 바닥에 떨어져도 오랜 기간 동안 시들지 않고 자태와 품위를 유지한다. 대구 달성군 남평문씨 본리세거지가 유명한 능소화 출사지다. 나도 몇 차례 가보았으나 때를 잘못 만났거나 실력이 부족하여 만족할만한 결과물을 얻지는 못하였다.

　6코스의 명물인 쇠소깍은 단체관광객이 꽤 보였다. 단둘이 조각배를 타고 노를 저으며 즐기는 연인과 친구가 있는가 하면 가족들과 단체로 범선을 타며 경치를 만끽하는 관광객들도 많았다. 날씨가 좋은 탓도 있었겠지만 서귀포에서 가깝고 워낙 유명한 곳이라 북적대는가 보다.

　쇠소깍을 지나 해안선을 따라 걷다보면 코코넛 야자수 재배지가 눈에 들어온다.

　제주에는 남쪽 해안선을 중심으로 야자수를 재배하는 곳이 많다. 이런 모습이 가장 이국적인 풍경인 것 같다. 그런데 큰

야자수

사찰이나 호텔 주위의 야자수는 아름답게 관리되어 있지만 이러한 곳에서 재배되는 야자수는 관리가 잘 안 되어 있는 것 같다. 관상용을 위한 판매 목적으로 재배되고 있는 것이 아닌지 추측해 본다.

불운했던 화가, 황소로 유명한 이중섭의 생가가 있는 이중섭 거리는 어둑어둑하여 들어가 보지 못하였다. 사실 몇 해 전에 이곳에 와서 어느 정도 관람하였고 전시관에서 황소 복사본도 구입하였다.

주말이라서 약국 문을 일찍 닫는 바람에 서귀포 편의점에서 종이반창고와 밴드를 구입하였다.

6코스 종점인 서귀포에서 성산포 숙소까지 버스로 1시간 20분이 소요되었다. 숙소에 도착하니 사장님이 1층에 단체손님이 들어오니 방을 2층으로 옮겨야 한다고 한다. 쌀만 구입하여 밥을 간단하게 해 먹었다. 여전히 집밥은 맛이 있다.

6일차 3/7(일)

20코스(김녕서포구 ▶ 김녕해수욕장 ▶ 성세기태역길 ▶ 월정해수욕장
▶ 행원포구 광해군기착비 ▶ 세화오일장 ▶ 제주해녀박물관)
21코스(제주해녀박물관 ▶ 석다원 ▶ 토끼섬 ▶ 하도해수욕장 ▶ 지미봉
▶ 종달바당)

35.8km … 46,090걸음

조금 불편해도 괜찮아

 가장 나중에 걸을까 하다가 문득 생각난 코스가 오늘 걸을 20코스와 21코스다. 숙소인 성산일출봉 기준으로 북서쪽인 20코스와 21코스를 마무리하고 서귀포로 이동하기로 한 것이다. 오늘 30km 이상 장거리를 걸어야 하므로 새벽에 라면, 김치, 밥으로 요기하였다.
 왼발바닥 앞쪽에 통증이 밀려온다. 아픈 발가락과 발바닥은

처음 숙소에서 나올 때가 제일 견디기 힘들다. 그리고 조금 지나면 무뎌진다. 그러다가 오후 코스를 마무리할 때쯤 되면 누적된 압력과 중력으로 다시 통증이 밀려오기를 반복한다. 편의점이 아직 문을 열지 않아 근처 마켓에서 스타킹을 구입하여 반을 잘라 신었다. 예전 군대에서 스타킹을 신고 100km 행군을 하였던 기억이 나서 이번에 시도해 본 것이다.

　내일 아침 서귀포로 이동하기 위해서는 오늘 반드시 이 두 코스를 완주해야 한다. 매우 흐린 날씨다. 언제 비가 쏟아질지 모르는 일촉즉발의 날씨다. 우산을 사야 하나 고민하다가 그냥 패스하였다. 기온은 10도인데 체감온도는 영하다. 김녕 서포구에서 20코스를 시작하자마자 '조금 불편해도 괜찮아'라는 철제 문구가 보인다.

조금, 불편해도 괜찮아

지금 나에게 딱 맞는 말이다. 용기가 불끈 솟았다.

20코스에 돌담길 너머로 풍력발전기의 풍차가 힘차게 돌아가고 있다. 어느 밭에서는 풍차를 뒤로 하고 대단위 인원이 당근 수확을 하고 있다.

차량도 다섯 대, 20여 명이 넘는 인원이 힘을 합하여 당근을 캐고 박스에 담는 작업을 하고 있다. 보통 당근은 자라는 시기가 여름이므로 육지에서는 당근을 고구마와 같이 10월경 서리가 내리면 수확한다. 그런데 제주는 3월에도 노지 월동재배 수확을 하고 있으니 육지와 온도 차이가 큰가 보다.

20코스 종점에서 해물뚝배기로 점심을 하였다. 딱새우가 들어가 있는 해물뚝배기였는데 사장님이 친절하게 딱새우를 손수 손질해주셔서 맛있게 먹었다.

21코스는 비교적 짧은 코스이므로 힘을 내서 걷는다. 석다원 중간 스탬프 찍는 지점에 도달하니 발가락이 점점 아파온다. 바람 또한 거세게 불어온다. 오늘은 동남풍이 많이 분다. 21코스에서는 동남풍이 마파람이다. 얼굴을 때린다. 그래도 한 걸음 한 걸음 목표를 향해 천근만근의 발을 내딛는다.

오후 4시 경에 21코스 종점인 종달바당에 도착, 오늘의 거친 바람과의 싸움이 종료되었다. 성산일출봉 민박집에서 마지막 저녁식사를 하고 이내 잠자리에 들었다.

7일차 3/8(월)

7코스(제주 올레여행자센터 ▶ 외돌개 ▶ 수봉로 ▶ 법환포구 ▶ 강정천 ▶ 월평포구 ▶ 월평아왜낭목쉼터)

26.59km … 35,810걸음

 혼밥

어젯밤 일찍 취침하였던 나는 중간에 추워서 두세 번 깼다. 그래도 잠의 양은 충분하였다. 새벽에 성산일출봉 일출 출사를 고민하다가 일출 각이 안 나올 것 같아 포기하였다. 그래도 좀 아쉽기는 하였다. 아침 식사는 김치찌개로 하였다. 남은 달걀은 삶아서 가져가기로 한다. 민박집 2층에서도 나 이외의 손님이 있지만 사장님은 보일러 끄기에 바쁘다. 생각해 보니 그동안 15도 정도의 기온으로 잠을 잔 것 같다. 평소 집에서는 25도 정도의 기온으로 잔다. 나는 그래도 춥게 느껴진

다. 27도 정도가 개운하다. 내 체질이 그런가 보다.

오늘은 서귀포 호텔로 이동하는 날이다. 그동안 이곳 민박집이 미운 정 고운 정 많이 들었지만 떠나야 한다. 예약한 서귀포 △△호텔에 짐을 맡기고 트레킹화 매장에서 신발을 살까 고민하다가 일단 깔창을 구입하여 깔아보기로 하였다. 올레시장에서 일명 '올레깔창'을 구입하였다. 푹신푹신하고 좋았다.

10시를 넘겨서야 7코스를 출발하였다. 내리막길 서귀포 시내를 빠져나와 삼매봉을 지나서 외돌개 전망대에 다다르니 이영애가 지친 나를 반겨주었다.

외돌개는 장군석이라고 부른다. 이 외돌개는 최영 장군이 몽골족을 퇴출시킨 전설이 있다. 외돌개를 지나 한

대장금 촬영지

참동안 마땅한 음식점이 없을 것 같아 대륜동 해안 올레길의 포장마차에서 사발면을 사 먹었다. 그런데 결과적으로 20분 정도 더 가서 도시락을 먹는 것이 나을 뻔하였다. 나는 사발면 같은 라면이나 칼국수 등 면 종류를 그리 좋아하지 않는다. 그래서 지인들과 여행 시 의견 맞추기가 다소 불편할 때가 있다. 대륜동 해안 올레길은 야자수가 동남아처럼 많이 재배되는 곳이다.

길가에 탐스런 한라봉 같은 하귤이 노랗게 매달려 있어 눈을 즐겁게 한다.

대륜동 해안 올레길

7코스는 자연생태길인 '수봉로'가 있다. 올레지기인 김수봉 씨가 염소가 다니던 길을 직접 일궈 만든 길이라고 한다.
아마 제주 올레길이 새롭게 개척되고 발전된 대표적인 곳이라서 올레꾼들 사이에서 유명해진 것 같다. 이곳 7코스는 일강정바당 올레로 명명한 길도 있다.

김수봉로 앞바다

해안 올레길

　올레길을 걷다보면 중간지점 또는 종점이 얼마나 남았는지 남은 거리표시를 좀 더 구체적이고 체계적으로 설치하면 더욱 즐거운 올레길이 될 것 같다는 생각이 들었다. 또한 올레길이 큰 도로로 연결된 곳이 많은데 안전을 위하여 걷는 사람을 위한 이정표의 설치가 요구되는 곳이 많은 것 같다.
　월평화훼마을로 이어지는 해안 올레길은 한가롭기 짝이 없다. 돌탑 너머로 낚시꾼들이 돌돔과 시간을 낚고 있다.
　오후 3시 30분경에 월평화훼마을에서 종료하고 호텔로 돌아와 호텔 근처에 있는 올레시장을 둘러보았다. 오늘 저녁은 좀 특별하게 하였다. 시장에서 갈치, 고등어 회를 포장하고 도시락을 주문하여 숙소에서 맛있게 먹었다. 이른바 '혼밥' 치고는 최고의 진수성찬이었다. 그러나 즐거운 식사를 위해서는 둘 이상 여행하는 게 더 좋을 것 같다.

8일차 3/9(화)

7-1코스(서귀포버스터미널 ▶ 엉또폭포 ▶ 고근산 정상 ▶ 한라산봉림사 ▶ 하논분화구 ▶ 걸매생태공원 ▶ 제주 올레여행자센터)
23.14km … 31,910걸음

따따블

 제주 올레 26개 코스 가운데 '-1'을 붙인 코스가 5개 있다. 그 가운데 '1-1', '10-1', '18-1'은 섬 코스이며 '7-1'과 '14-1'은 내륙으로 연결된 코스다. 이렇게 '-1'을 붙인 추가된 코스는 기본 코스보다 더 아름다운 코스가 많다. 그 중 7-1코스는 호기심을 자극하는 경관들이 많다.
 신발 깔창 하나를 더 덧대니 발바닥과 발가락이 훨씬 부드러웠다. 서귀포 버스터미널에서 7-1코스를 상쾌한 기분으로 출발하였다. 월산동 방향으로 이어지는 코스는 전반적으로 완만한 오르막길이다. 여름 우기에는 갑자기 계곡으로 빗물이 몰려들어 엉또 절벽으로 쏟아져 내려와 물 폭탄을 이룬다는 엉또폭포는 아쉽게도 폭포수가 없었다. 엉또폭포 다리를 지나 고근산 정상을 향해 올라가는 길에 동백나무 꽃이 다양한 종을 이루고 있었는데 유독 꽃잎이 모란 꽃처럼 무성한 종이 눈이 들어왔다.

꽃잎이 몇 겹 안 되는 꽃, 겹겹인 꽃, 잎이 무질서하며 무성한 꽃, 분홍색 꽃 등 각 나무별로 각양각색이어서 눈이 즐거웠고 신기하였다.

동백꽃

주변 근처에 산이 없이 홀로 외롭게 있다고 하여 붙여진 고근산의 해발고도는 396m로서 꽤 높다. 제주 올레길 26개 코스에서 가장 높다. 올라가는데 숨이 차오를 정도였다. 평지를 걷는 데는 발바닥, 발가락이 문제였지 호흡은 문제가 안 되었지만 고근산은 문제가 되었다. 가쁜 숨을 몰아쉬며 올라온 정상에서 중간스탬프를 부드럽게 찍고 한라산 봉림사와 하논 분화구를 향하여 하산을 하였다.

한라산 봉림사는 규모가 그리 크지 않았지만 포근하고 친근한 느낌이 드는 사찰이다. 약간 급한 경사라서 전망도 좋고 수행하기에 좋은 장소인 것 같다. 봉림사 아래의 하논 분화구는 내가 가장 가보고 싶었던 곳의 한 곳이었다.

하논 분화구

　밭만 있는 제주도에서 어떻게 논이 생겨났을까 하는 호기심에서였다. 섬의 화산토는 빗물을 가두지 못하여 논농사는 거의 불가능하였기 때문에 밭농사 위주인데 이곳만이 유일하게 논농사를 짓는다. 다른 곳은 논농사를 짓는다 해도 밭의 일부를 개간하여 벼를 심는 경우라고 한다. 지금 하논에는 벼를 벤 자국이 남아있었다. 그런데 곳곳이 벼농사를 짓지 않고 유휴지로 버려둔 곳이 많은 것 같았다. 효율적인 벼농사가 어려워서 그런가 하는 생각이 들었다. 육지 평야는 지금 대부분 경지정리를 하여 트랙터 등을 쉽게 운용할 수 있어 완전히 기계화되었다고 해도 과언이 아닐 정도다. 그런데 이곳은 어떤지 자세히 관찰하지 않았지만 아직 경지정리가 안 되었거나 유휴지가 많다면 서귀포시와 제주 자치도에서 집중 지원하고 관리하여 관광 상품화하면 좋을 것 같다는 생각이 들었다.

시내 쪽 올레길가에서 우연히 6잎클로버를 발견하였다. 친구한테 보냈다. 당신한테 행운이 있을 것이라고 하니 친구는 행운이 '따따블'인 것으로 알겠다고 하였다.

오늘은 좀 일찍 서귀포 시내의 숙소에 복귀하였다.

9일차 3/10(수)

8코스(월평화훼마을단지 아왜낭목쉼터 ▶ 약천사 ▶ 야자수길 ▶ 대포연대
▶ 주상절리 ▶ 중문관광단지 ▶ 논짓물 ▶ 대평포구)
9코스(대평포구 ▶ 월라봉 ▶ 창고천다리 ▶ 화순금모래해수욕장)
35.62km … 48,950걸음

 아메리카노

오늘은 월평화훼마을 아왜낭목쉼터에서 출발하는 8코스부터 9코스 일부까지의 여정이다. 8코스는 약 20km 길이로 비교적 긴 코스며 주상절리, 중문단지 등 볼거리가 많다. 사발면과 어제 남긴 도시락으로 아침을 해결하고 버스를 탔는데 약간 헤맸다. 서귀포 버스정류장이 최근에 다른 곳으로 옮겨 휴대전화 맵이 작동되지 않았던 것이다.

월평화훼마을단지 아왜낭목쉼터에서 조금만 걸으면 약천사에 도착한다.

약천사

　약천사는 엄청난 규모를 자랑한다. 조망 또한 좋다. 남쪽 바다가 훤하게 보이는 명당이다. DSLR을 숙소에 놓고 온 것이 아쉽다. 이 약천사는 동양 최대 크기의 법당을 가지고 있으며 혜인스님이 주지로 계실 때 크게 융성하였다고 한다. 곳곳에 커다란 하귤도 탐스럽게 매달려있다. 약천사 입구에 쭉 뻗은 야자수가 일품이고 큼지막한 약천사 돌하르방은 과감하게 마스크를 벗고 있다. 약천사를 뒤로 하고 8코스 출발 5km 지점 부근까지 걸으면 제주의 대표적 관광명소 주상절리가 나타난다.

주상절리

화산폭발 시 마그마가 냉각하여 다각형 기둥 모양을 띠고 있는 주상절리는 돌기둥을 겹겹이 정교하게 쌓아놓은 것처럼 장관을 이루고 있다. 이 자연이 빚어낸 위대한 예술 작품을 한참 동안 보고 있으면 그리스 아테네 파르테논 신전이 생각나고 델포이 신전이 생각난다. 또한 벌집 같기도 하고 축구공 모양 같기도 하며 육각, 오각, 사각 모양의 돌로 포장한 도로 같기도 하다.

목련꽃

베릿내오름을 지나 중문 색달 해수욕장을 가는 길에 목련 꽃이 멋지게 향연을 펼치고 있었다. 조금 지나니 발리인지 제주도인지 구분이 안 갈 정도로 이국적인 광경이 나타났다. △△△랜드다. 이곳에 나중에 와서 차나 음료 한 잔 하고 싶었다. 여래동 입구에서 논짓물까지 약 3~4km 길이의 비교적 긴 여래생태공원의 졸졸졸 물소리와 하늘거리는 억새는 지친 올레꾼들을 응원하고 있다. 나는 11코스의 곶자왈 같은 올레길을 좋아하고 해안가의 '길 아닌 길'들을 좋아하지만 길가에 시냇물이 흐르는 이러한 길도 좋아한다. 이러한 길은 내가 3~4살 먹었을 적 고향 운봉산의 실개천에서 떨어진 감에 조개껍데기를 꽂아 물레방아 놀이를 하였던 기억, 창경궁에서 어머니 등에 업혀 실개천 다리를 건넜던 기억들이 되살아나 동심을 자극하여 좋다. 이곳 중문관광단지는 정비가 아주 잘 되어 있다. △△벅스 커피숍 건물은 특이한 형태를 띠고 있어 올레꾼의 눈과 코를 유혹한다.

특이한 커피숍

어느덧 정오를 넘겼다. 배가 고프다. 근처 흑돼지 제육볶음 집이 눈에 들어와 들어갔더니 '2인 이상 가능'이라고 한다. 하릴없이 옆집에서 △△탕으로 점심을 해결하였다. 식사를 하면서 휴대전화를 보는데 기분 나쁜 이메일이 떴다. 해외에서 나의 아이디와 비밀번호로 네이버 로그인을 8차례 시도했다는 것이다. 황급히 비밀번호를 바꿨다.

대평포구 가는 길가에 노란 걸상 두 개가 남쪽 바다를 향해 놓여 있다.

한 폭의 그림이다. 아내와 이 의자에 앉아 꿀차를 마시면 얼마나 달콤할까. 아니 △△벅스 아메리카노를 마셔야 하나. 제주도 지형 모양을 뚫어놓은 조작 작품 또한 멋있다. 색깔이 조화를 잘 이루고 있다. 걷는 도중 방금 물질을 한 듯한 해녀와 그 앞에 경운기를 끌고 가는 아저씨의 모습이 정겹다. 그들에게는 고단한 하루일 테고 나와 같은 올레꾼들은 호기심을 자극하는 시간이다.

노란 의자

종점에 거의 다다르니 바르셀로나 가우디와 그리스 산토리니가 펼쳐졌다.

△△리아 펜션인데 깜짝 놀랐다. 해안가 벽은 구엘 공원 타일 벽을 모방한 것 같다. 그런데 스페인 바르셀로나 가우디의 구엘 공원의 그것에 비하면 좀 조잡해 보였다. 본체는 그리스 산토리니 건물 모양으로서 꽤 멋있다.

오후 3시 20분경에 8코스 종점인 대평포구에 도착하였다. 오늘 계획은 없었으나 9코스까지 돌고자 출발한다. 9코스는 약 6km로 비교적 거리가 짧다. 월라봉을 오르내리는 길이 산길이라 힘은 들 것이지만 그동안 축적해놓은 체력과 정신력으로 강행군을 시도한다. 물질입구에서 박수기정을 지나 해안가 절벽을 오르는 길이 아주 예쁘다. 절벽 위에는 평지가 조성되어 있는데 밭농사를 짓고 있다. 거기에서 중년 부부 두 쌍이 여유롭게 걷고 있는 모습이 눈에 들어온다. 그들은 9코스 역 올레를 하고 있었다. 그런데 그 모습이 얼마나 좋아 보

가우디와 산토리니

이는지 나도 꼭 그랬으면 좋겠다는 생각이 들었다.

　월라봉을 오르는 길도 재미있다. 월라봉 정상에서 조금 지나니 산방산이 한눈에 펼쳐진다. 얼른 사진에 담아 서울에 있는 산방산 출신 후배 교수에게 전송하였다. 카톡 내용은 이렇다. "김 교수 고향 산방산이 햇살을 받으며 빛나고 있네. 산방산은 풍수지리학적으로 볼 때 대단한 명당이네. 조만간 큰 인물이 나올 걸세." 나는 풍수를 잘 알지도 못하면서 자신 있게 톡하였다. 그 후배는 평소 많이 바빠서 답장이 늦는 편인데 이번에는 금세 전화를 걸어왔다. 비교적 긴 통화에서 이런저런 응원의 말과 덕담을 주고받았다. 이런 좋은 곳에 좋은 지인을 두고 있는 내가 행복해지는 순간이다. 이렇게 걸으면서 기분 좋은 전화를 하면 심신의 피로가 가신다. 그러나 이렇게 한눈을 팔다 보면 길을 잃을 위험이 매우 크므로 정신을 바짝 차려야 한다. 월라봉 기슭 곳곳에 일제 진지가 흉악하게 입을 벌리고 있다. 일본의 만행에 대한 역사의식을 다시 한 번 일깨운다. 창고천 다리에서 중간 스탬프를 찍고 조금 걸으니 화순 금모래 해수욕장이 나온다. 여기가 9코스 종점이다.

　오늘은 편의점 도시락이 아니라 도시락 전문점의 도시락을 시켜 먹었다. 편의점 도시락보다 맛이 한결 좋다. 비싼 만큼 값을 하는 것인가.

　저녁에 서귀포 매일올레시장의 할머니 오메기떡을 집으로 택배 보냈다. 선물은 받는 사람보다 보내는 사람이 더 뿌듯하고 설레는 법이다.

10일차 3/11(목)

10-1코스(가파도선착장 ▶ 가파초등학교 ▶ 개엄주리코지 ▶ 가파치안센터)
10코스 역 올레 (하모체육공원 ▶ 운진항 ▶ 하모해수욕장 ▶ 알뜨르비행장
▶ 섯알오름 4.3 희생자추모비 ▶ 송악산 ▶ 사계해안가
▶ 산방연대 ▶ 썩은다리전망대 ▶ 화순금모래해수욕장)
32.5km … 42,862걸음

인연 1

어제 무리했는지 오늘은 계획보다 좀 늦게 눈이 떠졌다. 운진항까지 버스를 타고 가려면 서둘러 준비해야 한다. 호텔 앞 소머리국밥을 처음 먹어봤는데 맛이 좋다.

202번 버스로 운진항 앞 정거장인 하모3리에서 하차하여 도보로 15분간 이동하였다. 11시 출발 가파도행 배에 승선하였다. 10시 배를 탔더라면 모든 일정이 더욱 여유로왔을 텐데 좀 아쉽다. 가파도 운항은 10시 배를 타면 12시 20분에 나올

수 있는데 11시 배를 탔으므로 14시 20분 배를 타고 나와야만 했다. 13시 20분 배가 있으면 딱 좋은데 그 시간은 비어있다. 아마 점심 먹는 시간을 고려한 것일 수도 있겠다는 생각이 들었다. 가파도는 2시간이면 충분히 걸을 수 있다. 우리나라에서 고도가 가장 낮은 섬인 가파도에서 3시간 동안 천천히 걸으며 쉬며 사진 찍고 느껴보기로 한다.

배 안에서 직장 비서실에서 전화 연락이 왔다. 배에 내려서 통화 연결하니 대장님이 통화하자고 한다는 것이다. 나는 오후 1~2시 사이에 연락을 달라고 하였다. 무슨 내용일까. 운동부 예산? 대학원 유학생 문제? 학과 충원율 문제? 입학 일선 고교 상담 부탁? 채용? 보직? 이렇게 고즈넉하고 평화로운 가파도에서 별생각이 다 들었다. 아무튼 연구년 중이니 여유롭게 전화를 받자. 복식호흡을 하면서. 모든 게 나 자신과의 싸움이다.

가파도는 그야말로 신비의 섬이다. 아직은 이르지만 새싹 청보리와 유채꽃이 어우러져 장관을 이루고 있었다.

주택가의 벽화 또한 재미있었고 책상과 빨강 의자, 노랑 의자와 멋지게 어울리는 '너를 불러본다'의 나무 표지판이 있는 곳 또한 사진 촬영의 명소다. 수평선 너머 멀리 보이는 산방산과 한라산은 예술이었다.

가파도의 유채꽃

가파도의 청보리

추억의 책걸상

가파도행 배에 탈 때부터 우연히 마주한 한 중년남성(나보다는 젊어보였지만)은 세 차례 이상 가파도 길가에서 우연히 마주쳤다. 내가 바다가 내려다보이는 어느 한적한 올레 길목에 앉아 미리 준비한 김밥을 먹고 있었는데, 그 중년이 또 그곳을 지나쳤다. 그분이 나에게 말을 건네왔다. "오늘 자주 뵙네요." 전생의 인연이 있었는가보다.

피천득의 이런 글귀가 생각났다.

어리석은 사람은 인연을 만나도 몰라보고 보통 사람은 인연일 줄 알면서도 놓치고 현명한 사람은 옷깃만 스쳐도 인연을 살려낸다.

고망(구멍의 제주 방언)난 돌 안으로 보이는 가파도는 천국이다.

2시가 넘어도 비서실에서 연락이 오지 않았다. 배에서 내린 후 10코스 역 올레를 시작하면서 기다리다 못해 내가 비서실에 전화를 걸었다.

전화를 받은 대장님 왈,

"본부 △△전략위원을 맡아 달라."는 것이었다. 몇 마디 의견을 주고받고 일단 특별한 확답 없이 통화를 마무리하였지만 학교 사정이 어려운 것 같아 걷는 내내 걱정이 되었다.

천국

하모해수욕장에서 알뜨르비행장으로 가는 길이 참 좋다. 짧게 이어지는 소나무 숲길과 비행장 옆 좁다란 채소밭 길을 걷는 여유가 생긴다. 그런 기분도 잠시다. 일제의 아픔이 서려 있는 역사적인 장소 알뜨르비행장에 다다르니 가슴이 뭉클해진다. 더더욱 섯알오름에 위치한 일제 고사포 진지구축 장소에 오르니 일제의 실상에 분노한다.

일제의 만행

송악산은 20대 후반 조교 시절에 연수차 방문하였던 기억이 난다. 그렇지만 그 당시에는 송악산 주차장에서 정상까지만 올랐다가 다시 원점 회귀하였기 때문에 송악산의 깊은 면은 제대로 못 느꼈다. 역으로 걸어가는 지금의 송악산 올레길은 느낌이 새롭고, '이게 그 아름다운 송악산이구나.' 하는 기분이 든다.

눈부신 해안가를 오른쪽으로 끼고 송악산 전망대를 한 바퀴 돌면 산방산이 그림같이 펼쳐지기 시작한다. 사계 해안가를 거쳐 산방산까지 이어지는 길은 세계 어디에 내놓아도 손색없을 해안길이다.

산방산의 웅장함과 신비스러움을 한 몸에 받으며 걷는 지금 나의 가슴은 벅차오른다.

송악산 가는 길

송악산에서

제주의 오름들은 한라산 중턱에 위치해 있어 소담스럽고 아늑해 보이는 데 반해 이 산방산은 평야를 지나 해안가에 우뚝 솟아 있어 다른 오름보다 훨씬 장엄해 보인다. 산방연대 주변의 유채밭은 산방산을 배경으로 멋진 촬영 구도가 나온다.

가슴 벅차오르는 산방산

유채꽃과 산방산

산방산을 지나가다가 호떡을 하나 사서 공복을 메웠다. 사실 오늘 점심은 가파도 어느 한 길모퉁이에서 편의점 김밥 한 줄로 때웠기 때문에 몹시 배가 고팠다. 하멜 기념비도 보인다. 바람을 맞으며, 그리고 약간 빗방울도 돌았지만 괘념치 않고 걸은 결과, 산방연대와 썩은다리전망대를 거쳐 오후 6시에 10코스 종점인 화순금모래해수욕장에 안착하였다. 서귀포 숙소까지 버스 이동 시간은 무려 1시간이나 걸렸다. 가족과 친구들이 연신 '무리하지 말라.'고 연락이 온다. 그래서 나는 유명한 영국 속담으로 화답하였다.

잔잔한 바다에서는 좋은 뱃사공이 만들어지지 않는다.

11일차 3/12(금)

11코스(하모체육공원 ▶ 모슬포정상 ▶ 정난주 마리아성지 ▶ 신평곶자왈
▶ 무릉곶자왈 ▶ 무릉외갓집)
12코스(무릉외갓집 ▶ 나무정자 ▶ 신도생태연못 ▶ 산경도예)
31.4km … 41,172걸음

 인연 2

  오늘은 올레길의 여왕 신평곶자왈과 무릉곶자왈의 11코스를 걷기 위해 일찍 일어나야 했으나 그렇지 못했다. 왼쪽 새끼발가락에 물집이 생긴 것이다. 물집을 터뜨렸는데 쓰리다. 새로 개척한 소머리국밥에서 비교적 저렴한 값인 7,000원을 주고 아침 식사를 맛있게 하였다. 평점 5점 만점을 주고 싶다.
  11코스 시작점인 하모체육공원에 도착하여 오늘이 올레 26개 풀코스 완주의 고비라고 생각하고 조심스럽게, 그리고

비장하게 걷는다. 모슬봉 정상부는 군사보호구역이라 통제되어 있었다. 정상 주변에 있는 11코스 중간지점 스탬프를 찍고 정난주 마리아성지로 향하였다. 정난주는 다산 정약용의 조카다. 남편은 황사영이고 아들은 황경한이다. 정난주는 조선 순조 때 이른바 신유박해 사건과 관련이 있다. 제천 베론에서의 황사영 백서 사건으로 정난주는 제주도로 유배를 오게 되었는데, 유배 도중 추자도 예초리 황새바위 갈대밭에 아들 황경한을 내려두고 이곳 대정리에서 유배생활을 하였다고 한다. '한양 할망' 정난주는 제주에서 살다가 제주에 묻힌 최초의 천주교인인 셈이다.

신평사거리 △△올레 음식점 김치찌개 맛이 좋다. 식당 내 손님들이 매우 시끄럽고 이동할 때 마스크도 제대로 안 쓴다. 정부 보건당국은 지금 난리인데, 정작 최 일선에서는 무감각한 국민들이 많은 것 같다. 아까 걷다가 마주쳤던 부부같이 보이는 올레꾼을 식당에서 또 마주쳤다. 우연의 일치인데 재미있다. 사람 간의 연은 직접적이든 마음으로든 되도록 좋은 관계로 맺어야 마음이 편하다.

곶은 숲(나무), 자왈은 덤불을 뜻하는 방언이다. 즉, '나무와 덩굴 등이 마구 뒤엉켜서 수풀을 이루고 있는 곳'이다. 곶자왈은 돌무더기로 인해 농사를 짓지 못하고 방목지였거나, 땔감을 얻거나 숯을 만들고 약초 등의 식물을 채취하던 곳이었다. 토지 이용의 가치가 떨어지고 생산성이 낮은 땅으로 인식되는 곳이었다. 곶자왈 코스는 신비롭기도 하지만 시골에서 자란 나로서는 이걸 가지고 세계 유일의 문화자원이라고 하는지 언뜻 이해가 잘 안 되었다. 내가 잘 몰라서 그럴 것이다.

곶자왈 길가에 여기저기 흰색 꽃이 군락을 이루어 매혹적인 향기를 내뿜고 있다. 백서향 꽃이었다.

자스민 향 같기도 한 이 백서향 꽃은 향기를 먼저 코로 알아보고 나중에 눈으로 확인하였다. 그만큼 꽃의 향이 독특했고 코를 찔렀다. 제주 조천읍 선흘리 일대 군락지가 제주특별자치도 기념물 제18호로 지정되어 있다고 한다. 백서향은 개화 시기가 그리 길지 않은 꽃이다. 나는 곶자왈에서 이런 진귀한 백서향의 내음을 가슴에 담으며 걷는 행운을 누린 축복받은 사람이다. 그동안의 피곤함도 한꺼번에 가시는 것 같았다.

백서향

어느덧 무릉외갓집 종점에 도착하였다. 그런데 오후 3시밖에 안 되어 12코스 반을 걷기로 마음먹었다. 반을 돌아야 202번 버스 노선 가까이까지 갈 수 있기도 하다. 무릉외갓집에서 녹남봉까지 가는 길에는 마늘과 양배추밭이 많이 보였다. 신도생태연못을 지나가는 길에 역 올레를 하고 있는 외국인을 마주쳤다. "안녕하세요?" 라고 인사를 하는 것이다. 나는 가벼운 눈인사와 목례로 대신하였다. 이제는 제주 올레가 외국인한테도 알려진 것이다. 마치 한국 사람이 스페인 산티아고 성지순례길을 걷는 것처럼 말이다. 몇 해 전 산티아고 성지순례길을 모티브로 한 여행방송프로그램을 본 기억이 났다. 앞으로 외국 방송사가 제주 올레길에서도 방송하는 날이 오기를 기대해 본다.

녹남봉은 야트막한 산이어서 쉽게 오를 수 있다. 예전에 녹나무가 많아서 녹남봉이라고 불렀다고 한다. 전망보다는 분화구 내부의 원시림을 보는듯한 분위기다. 녹남봉에서 10분쯤 걸으니 중간스탬프 지점 산경도예에 도착하였다. 산경도예는 폐교를 이용한 곳인데 지금도 그리 잘 돌아가지 않고 있는 것 같다.

서귀포 숙소에서 도시락을 시켰다. 이만하면 만찬이다.

도시락

숙소에서 바라본 한라산

12일차 3/13(토)

12코스(산경도예 ▶ 신도포구 ▶ 수월봉 ▶ 당산봉 ▶ 용수포구)
13코스(용수포구 ▶ 특전사숲길 ▶ 고사리숲길 ▶ 낙천의자공원)
28.23km … 37,025걸음

친절한 안내양

제주 땅을 밟은 지 어느덧 2주가 다 되어간다. 앞으로 남은 올레 코스와 km를 계산해 보았다. 잔여 구간은 코스 단위로 걷기보다 거리 단위로 걷기로 하였다.

13코스(16km), 14코스(19km), 14-1코스(9km), 15코스(16.5km), 16코스(16km), 17코스(18km), 18코스(20km), 18-1코스(18km), 19코스(19.5km)와 오늘 남은 12코스를 포함하면 약 170km가 남았다. 26개 코스 중 16개 코스를 걸었으니 2/3 가까이 걸었다. 무릎이 고장 나거나 발이 아

프면 미련 없이 원대 복귀하려 한 첫 제주 올레가 이렇게 길게 이어지고 있다.

　왼쪽 발바닥이 아파 와서 발걸음이 무겁지만 산경도예에서 힘차게 출발한다. 조금 걸으니 발가락까지 아파 온다. 오늘 일정을 축소해야 하나 생각해 본다. 그러나 그 생각도 잠시일 뿐 나의 다리와 발은 기계적으로 앞으로 내딛으며 나아가고 있었다. 30여 분을 걸으니 바닷가 신도 바당 올레길에 도착하였다. 신도2리가 하멜표류기착지점이라는 글귀도 보인다. 10코스 용머리해안에도 하멜기념비가 있었는데 여기도 있다. 신도바다에 돌고래가 가끔 나타난다고 한다. 그래서 올레길

수월봉 해안

을 걷다가 운이 좋으면 볼 수 있다는데 나는 오늘 운이 좋은 올레꾼이 될 수 있을까. 끝내 돌고래는 내 앞에서 점프하지 않았다. 수월봉에서 내다보이는 해안가는 왕들의 휴양지 이탈리아 카프리섬처럼 눈부시다.

수월봉 아래로 내려오니 엄청난 신천지가 펼쳐진다. 깎아지른 듯한 해안 절벽은 부안 채석강이 연상되지만 비슷하면서도 다른 스케일과 모양을 하고 있다. 수월봉 아래는 18,000여 년 전 화산폭발 때 뜨거운 마그마가 물을 만나 분출하면서 만든 고리모양의 화산체의 일부라고 한다. 지질학적으로 매우 가치 있는 곳으로서 이런 곳을 '지질 트레일'이라고도 한다.

지질 트레일

자구내 포구 오징어

제주도 낚시명소 차귀도를 왼쪽으로 바라보며 걷다보니 금세 자구내포구에 다다른다. 차귀도를 배경으로 오징어를 말리는 광경이 아름다웠다.

지금까지 해안가에서 오징어 말리는 광경을 세 군데에서 봤는데, 모두 아름답다.

가자니아

민들레꽃같이 생긴 진노랑색의 꽃 가자니아가 당산봉에 오르는 나를 반겨준다.

당산봉에 오르니 자구내포구와 차귀도가 한눈에 펼쳐진다. 생이기정길 해안가에서 낚시를 즐기는 사람들이 눈에 띤다.

12코스 종점인 용수리 해안은 우리나라 최초의 신부인 김대건 신부가 바다에서 풍랑을 만나 표류하다가 기착했던 곳으로 유명하다. 한국 땅에서 첫 미사를 올렸던 곳이 이곳 용수리포구인 셈이다.

 12코스 종점에서 점심을 먹고 싶었으나 마땅한 식당이 보이지 않아 하는 수 없이 13코스를 걷다가 음식점이 나타나면 들어가기로 하고 발걸음을 옮겼다. 그런데 발도 아프지만 배가 고파 오니까 정말 견디기 힘들었다. 용수저수지를 지나 버려진 길을 특전사 요원들이 길을 닦고 만들었다는 특전사 숲길과 고사리숲길은 좁고 아기자기하여 눈의 즐거움이 배가되었다. 육체는 고달픈데 정신세계는 최고조에 이르는 순간들이다. 이때 이런 글귀가 주마등처럼 뇌리를 스쳤다.

 육체를 괴롭혀 정신을 맑게 한다.

 오늘이 지난 12일 동안의 제주 올레 가운데 가장 힘든 여정이었던 것 같았다. 이곳 낙천리 의자마을은 내륙 오지라 버스 노선이 많이 없었다.
 버스 정거장에 앉아 계신 할머니와 할아버지에게 문의해도 한 가지 방법밖에 모르신다. 나는 결국 네이버 앱으로 결정하였다.
 낙천리에서 버스를 타고 한경면사무소(신창중학교)에서 환승하기로 한다. 이번 버스는 좀 특이하였다. 버스 모양도 육지 시외버스를 닮았고 안내요원(일명 안내양)도 있었다. 관광지 순환버스였던 것이다. 탑승객이 많지 않아서 그런지 안내 요원이 나에게 친절하게 "올레길을 걷느냐.", "어디를 가느냐." 등에 대해 물어보고 자세하게 부연 설명을 해 주었다.

 쓰리국밥 전문점 식당에서 뚝배기 제육볶음을 포장해서 숙소에서 저녁을 맛있게 먹었다. 저렴하게 먹은 것이다. 편의점 도시락이나 도시락 전문점 도시락보다 이게 더 낫다. 식당에서 편하게 먹을 수 없다 보니 포장 식사 수준이 갈수록 진화고 있다. 역시 무슨 일이든지 경험과 시행착오의 과정을 거쳐야 업그레이드한다는 것을 깨우치는 순간이다.

 오늘도 고생한 나의 발에게 감사한 마음을 갖고 잠자리에 들었다.

13일차 3/14(일)

13코스(낙천의자공원 ▶ 풍낭 ▶ 저지오름 ▶ 저지정보화마을)
14코스(저지정보화마을 ▶ 큰소낭숲길 ▶ 굴렁진숲길 ▶ 월령선인장자생지입구)
29.79km … 39,270걸음

붉은 석양

202번 버스를 타고 한림읍 △△호텔 숙소로 이동하였다. 3박을 예약하였다. 호텔 사장님은 이른 시간임에도 불구하고 고맙게도 체크인을 해주셨다.

오늘의 출발지점인 13코스 낙천의자마을로 가는 버스 노선이 원활하지 않다. 그래서 202번 버스를 타고 신창리에서 하차한 후 낙천의자마을까지 5.2km를 걸었다. 조수리마을 주변에 360년 된 풍낭(팽나무)도 눈에 들어왔다. 제주도에서 보호수로 지정되어 관리하고 있다. 닥나무(저지)가 많아서 닥물

오름이라고도 하는 저지오름은 아름다운 숲 전국대회에서 대상을 차지한 유명한 오름이다. 오름을 오르면서 어쩐지 예사로운 숲길이 아님을 직감할 수 있었다.

　13코스 종점인 저지정보화예술마을에서 14코스 중간지점까지 도전하기로 하였다. 이 길은 숙소인 한림 방향이기도 해서 걷기로 한 것이다.

　14코스에 커다란 그린페블 즉 녹색조약돌이란 구형 TV 아닌 TV가 눈에 띄었다.

　매우 이색적이다. 커피숍 홍보 안내판인 것 같다. 큰소낭숲길, 굴렁진숲길은 내가 좋아하는 숲길이다. 그런데 발바닥과 발가락이 워낙 아프다보니 지면이 울퉁불퉁한 숲길은 고통의 숲길이 되어버렸다. 그래도 걸음을 옮긴다. 길 옆 밭의 분홍 발가락 선인장이 나의 걸음을 멈추게 하였다.

　월령선인장자생지가 가까워지고 있다는 신호다. 일명 '손바닥선인장'이라고 부르는 선인장이 꼭 발가락을 닮았다. 지금 내 발가락이 저렇게 벌겋게 퉁퉁 부어올랐다.

TV 아닌 TV

발가락 선인장

-저지오름 숲길

늦은 저녁이 되니 발걸음의 움직임이 빨라진다. 때마침 붉게 물든 석양이 오늘 하루를 수고하고 가라앉을 준비를 하고 있다.

갈수록 낮이 길어지는데 그래도 아직 아침저녁으로 쌀쌀하다.

7시경에 월령선인장자생지 입구에 도착하였다. 지금까지의 일정 중 가장 늦은 시간까지 걸었다. 여기서 숙소가 있는 한림까지는 버스로 쉽게 이동할 수 있다. 지난 7일 동안 숙소가 있는 서귀포로 이동하느라 고생이 많았다.

오늘은 늦은 저녁이라 이것저것 고려하기가 곤란하여 편의점 도시락으로 해결하였다. 친구가 골프 연습 장면을 동영상으로 보내며 '왜 이렇게 늘지 않느냐.'며 푸념한다. 그래서 나는 용기의 글을 보냈다.

아무리 체육 관련 학과를 나왔다고 하더라도, 아무리 육상을 잘했다 하더라도 좀 늦게 입문하였으니 근육이나 관절, 신경 등이 더디게 적응하겠지. 단기간에 승부를 걸려고 하지 마시고 좀 느긋하게, 그리고 더 피나는 연습에 집중하기 바라요.

그리고 누가 "이렇게 쳐봐요" 했을 때 그게 맞는다고 판단되면 그 동작은 끝을 보기 바라요. 내가 볼 때는 많이 늘었는데 뭘. 띄엄띄엄 쳐서는 안 늘지. 골프는 분습법보다 전습법이 효과적일 듯. 집중 훈련하시게. 힘을 내요.

14일차 3/15(월)

14-1코스(저지정보화예술마을 ▶ 강정동산 ▶ 저지곶자왈 ▶ 문지오름 ▶ 오설록녹차밭)
14코스(월령선인장자생지입구 ▶ 금능해수욕장 ▶ 협재해수욕장 ▶ 옹포포구 ▶ 용수사 ▶ 한림항)
29.05km … 38,017걸음

빨강 SUV

이곳 한림 △△호텔도 방 온도를 높였는데 그렇게 따뜻하지는 않았다. 여기는 바닥 난방시스템이다. 사장님에게 부탁해봐야겠다.

저녁에 비 예보가 있지만 호텔을 나섰다. 785번 저지리행 버스에 간신히 몸을 실었다. 저지리 중동 저지정보화예술마을에 도착하여 14-1코스를 출발하였다.

이때 친구가 연락이 왔다. 며칠 전 오메기떡을 학교로 보냈더니 받아보고 연락이 온 것이다.

그래서 내가,

△교감! 교장님한테 유명한 제주 오메기떡 몇 개 드려서 마음을 잡아 보시라고 보냈네. 지난주에 △교감이 교장한테 스트레스 받는 것 같아서..., 내가 도울 수 있는 것은 이 정도밖에 안 되네. 그리고 나머지는 고생하는 선생님들에게 나눠주시게. 서귀포에 와서 오메기떡 못 먹어 보면 안 된다고 해서 일선 현장에서 고생하는 △교감에게 맛 좀 공유하고자 했네. 별모레글 피가 신학기 첫 월급날이지. 그대가 설정한 10%대 목표를 뛰어넘어 1%에 진입할 수 있도록 오늘도 힘차게 작대기를 휘두르시게.

이렇게 용기 어린 메시지를 날렸다.

길을 걷다 몇 초 안에 네잎클로버를 발견하였다. 그냥 지나치다가 발견한 것이다. 나는 정말 대단하다. 집중력이 좋다. 친구와 이 행운을 다시 공유한다.

14-1코스는 문지오름에서 조랑말을 만나고 360도 사방이 탁 트인 전망을 조망하는 것도 일품이지만 오름을 내려

네잎클로버

와서 저지곶자왈 밀림을 누비는 코스가 백미다. 마구 헝클어진 깊은 숲길 가에는 백서향이 군락을 이뤄 그윽한 향을 내뿜는다. 섬이 생긴 이래 외면 당해왔던 곶자왈이 생명의 보고로 인정받게 된 것은 최근의 일이다.

월령리 선인장 군락지

14-1코스의 시원한 피날레는 오설록 녹차밭에서 이루어진다. 오설록에서 한림항으로 직접 가는 버스가 없어서 820-1번 버스를 타니 가이드가 자세히 안내해 준다.

장어로 허기를 달래고 어제 못 걸은 14코스 잔여 코스를 걷기 위하여 월령리로 향한다. 선인장 야생 군락지가 반갑게 나를 맞이하였다.

천연기념물 제429호로서 장관이다. 선인장류 가운데 유일한 자생종이다. 바닷가 바위와 마을의 돌더미가 쌓여 있는 곳에 널리 퍼져 있다. 멕시코가 원산지인 선인장 씨앗이 쿠로시오해류를 따라 열대지방에서 이곳으로 밀려왔다고 한다. 그렇다면 기나긴 세월 동안 멕시코에서 하와이, 남태평양, 동남아, 일본 등을 거치며 제주로 흘러들어온 것이라고 유추해볼 수 있겠다. 형태가 손바닥 모양과 비슷해서 '손바닥선인장'이라고도 하며 제주 주민들 사이에서는 '백년초'라 부른다. 쇼핑몰에도 백년초란 이름으로 상품화하고 있음이 확인된다. 돌담의 선인장은 쥐의 침입을 예방하고 있다고 한다. 또한 민간요법으로 해열제, 진통제 등으로 쓰인다.

일성제주비치콘도를 지나 금능해수욕장에 이르기까지 해안가에 펼쳐진 풍차는 구슬땀 맺힌 나의 가슴을 시원하게 녹여주었다.

협재해수욕장 근처 주택가에서 화산 박물관인 비양도를 배경으로 웨딩 화보 촬영을 하고 있었다. 빨강 SUV승용차 지붕에 앉아 있는 예쁜 신부와 늠름하게 서 있는 신랑이 무척 어울렸다.

아직도 아침저녁으로 추운 날씨인데 이국적인 야자수 아래에서 캠핑하는 야영객들은 얼마나 짜릿하고 스릴이 있을까. 여기에도 태안처럼 사구(모래언덕)가 발달해 있었다. 사뿐사뿐, 푹신푹신 사구를 걷는 즐거움은 옛 시골의 모랫길을 걷는 것 같아 느낌이 남다르다.

협재해수욕장 근처에 '동행'이란 문구의 그림이 발길을 사로잡는다.

여행은 정녕 친구가 있어야 제 맛인가.

월령선인장군락지 입구에서부터 14코스 종점까지 9.1km를 2시간 20분에 주파하였다.

저녁은 새롭게 재첩국을 포장하였는데, 숟가락이 없었다. 그래서 생존 정신을 발휘하여 종이컵으로 퍼 먹었다. 맛이 진하지 않았다. 완전 꽝이다. 평점 0점을 주고 싶다.

15일차 3/16(화)

15코스B(대수포구 ▶ 수원농로 ▶ 곽지해수욕장 ▶ 하이클래스제주 ▶ 고내포구)
16코스(고내포구 ▶ 다락쉼터 ▶ 남두연대 ▶ 구엄마을)
27.9km … 36,256걸음

지중해와 차마고도

숙소 뒤편 △△이네 갈비국밥집은 네이버 추천 맛집이다. 그런데 10분이 지나도 반찬조차 나오지 않는다. 손님도 없다. 관광객 2명뿐이다. 맵고 짜고 물도 안 준다. 어제 저녁과 오늘 아침 식사 컨디션이 안 좋다. 앞으로는 현지인들이 많이 가는 곳을 잘 수소문하여 가야겠다. 왼쪽 새끼발가락만 아프고 나머지는 괜찮다. 어느새 발가락도 70kg 중력의 모진 고초를 겪은 끝에 굳은살이 박이고 길들여진 것인가.

길옆에 제목이 '수원초등학교…'란 문구의 현수막이 눈에 들어와 친구에게 '갑자기 볼일이 생겨 수원에 왔다.'고 하였더니 홍길동이라고 한다. 조크라고 하였더니 '요즘 심기가 불편하니 건들지 말라.'고 한다. 이윽고 일렬로 나열되어 있는 비석을 사진으로 담아 보내주며, 앞으로 죽어서도 후대에 저렇게 이름이 새겨지도록 열심히 살자고 했더니, '본인은 자격이 없다.'고 한다. 그 친구는 요즘 컨디션이 몹시 안 좋은가 보다.

바람이 북동풍이라 마파람이다. 풍속이 세서 얼굴을 때리고 몸이 앞으로 나아가는데 방해가 된다. 당연히 에너지가 더 소비되었다. 금성천 정자를 지나 곽지해수욕장 앞에 해녀 돌조각 상도 힘겹게 마스크를 쓰고 있다.

곽지해수욕장은 모래가 날아가지 않도록 천으로 덮어놓았다. 이곳은 평소 서쪽에서 불어오는 바람이 강하다는 것이다. 기둥의 청색, 주황색 제주 올레 리본은 하염없이 바람에 나부끼고 있다. 이어지는 곽지 올레길인 애월한담 해안산책로는 연인, 가족들로 꽤 붐볐다. 제주 공항에서 그리 멀지 않고 코스 형태가 아름다워서 그런가보다. 길모퉁이를 돌아서니 젊은이들이 좋아할 만한 카페, 리조트, 펜션들이 운집해 있었다. 여기가 일명 '애월 카페거리'이다.

걸음을 걸을수록 경치가 지중해 해안가 같아 매료된다. 조선후기 문신인 장한철 생가도 보이고 곳곳에 맛집이 즐비하다. 오늘 화요일이고 날씨가 좀 추워서 그렇지 따뜻한 주말에

애월 카페거리

는 여행자들이 굉장할 것 같다.

카페거리 근처 뚝배기 불고기는 일품이었다. 반찬이 아주 정갈하게 잘 나왔다. 마늘에 불고기를 쌈 싸서 배를 가득 채웠다. 대개 메인메뉴가 맛있으면 반찬 또한 맛있다. 원래 그런 것인가. 8,500원, 평점 5점을 주고 싶다.

밥심으로 15코스 종점인 고내포구까지 힘차게 전진하였다. 고내포구까지 다 걸으니 시간이 좀 남았다. 그래서 16코스 일부를 더 돌기로 하였다. 16코스의 콘셉트는 대몽항쟁이다. 그래서인지 코스를 시작한 지 얼마 안 되어 해안가에 항몽 기념비가 우뚝 세워져 있다. 양쪽에 호위무사처럼 버티고 있는 두 장군석상이 이 비문을 뒷받침해 주고 있다. 바로 김통정 장군과 최영 장군이다. 고내포구에서 다락쉼터, 신엄포구, 구엄 어촌체험마을에 이르기까지 환해장성 옆길 구불구불 좁은 산책로를 걸으니 길을 걷는 즐거움이 샘솟고 그 길에 깊숙하게 빠져든다.

다락쉼터 산책로에서 바라본 풍경

구엄 염전

걷다가 잠시 쉬었다 가기에 딱 좋은 여건과 분위기를 두루 갖춘 장소가 바로 이곳이다. 청명한 서해바다 수평선을 옆으로 하며 걷는 걸음걸이는 가히 구름 위를 걷는 것 같았다.
구엄리 돌 염전이 이색적이었다.
마치 티베트 차마고도 천일염전처럼 장방형으로 바닷물을 가두어 소금을 생산하던 곳이다. 차마고도는 대부분 반듯한 모양인데 여기 구엄리 염전 모양은 구불구불하여 더 멋지다. 지금은 작업이 멈춰 아쉽기 짝이 없다. 나중에는 민속촌처럼 지자체에서 지원하여 염전을 가동하는 등 관광 상품화할 가능성이 큰 곳이다.
4시경에 오늘 목표인 구엄마을까지 잘 걸었다.
오늘도 수고했어요. '폭삭 속았수다.'

16일차 3/17(수)

16코스(구엄마을 ▶ 수산봉정상 ▶ 항파두리 유적지 ▶ 광령1리사무소)
17코스(광령1리사무소 ▶ 외도포구 ▶ 내도 바당길 ▶ 이호테우해수욕장
▶ 어영소공원 ▶ 용두암 ▶ 용연구름다리 ▶ 관덕정 ▶ 관덕정간세라운지)
36.08km … 48,218걸음

이집트 여왕 네페르티티

아침 식사 후에 제주버스터미널 근처 △△파크호텔로 숙소를 옮겼다.

모처럼 제주시로 들어오니 사람들로 북적인다. 버스 안에는 제주 오일장 승객들로 가득하다.

호텔에 직접 가서 카드 결제하고 짐을 맡긴 후, 다시 버스를 이용하여 모감동 구엄마을로 향하였다. 이곳 제주 농촌에는 육지에서 보기 드문 협농 풍경이 눈에 띄었다. 일종의 '품앗이'

인 것이다. 일손을 모아야 작업의 능률이 향상되기 때문이다.

16코스 잔여 구간 시작부터 수산봉 오름을 올랐다. 그런데 지치지 않는다. 어느덧 나의 심폐지구력이 향상된 것이다. 이때 역사적인 '100대 명산을 시작해 보자'는 생각을 잠시 하게 된다.

항파두리 유적지까지 완만한 오르막이다. 항파두리는 몽골 침입시 조국을 지키고자 궐기한 삼별초가 최후까지 항전한 역사적인 곳이다. 항파두리 유적지를 오르다 보면 몽골에 대항하기 위해 쌓은 토성이 보인다.

항몽 토성은 원래 6km이었는데 무너졌다가 박정희정권 시절 1km를 복원하였다. 항파두리 성곽 오두막집 벽에 적혀 있는 글이 가슴 뭉클하게 한다.

그들은
무신정권의 버팀목이었고
승자에게는 반역의 무리였다.
그들은
새로운 고려를 꿈꾸기도 했고
외세의 침략에 맞서 싸운 용감한 군대였다.
무엇보다 그들은
전란의 시대를 온몸으로 부딪쳐야만 했던
고려의 백성들이었다.

또한, 여몽연합군을 맞아 결전을 치른 후 최후를 맞았던 마지막 날을 묘사하는 글귀가 눈물샘을 자극한다.

더는 물러설 곳이 없는 섬 제주.
두려움과 희망은 늘 바다 너머에서 밀려왔다.
1271년 그날 하늘은 파랗고 땅은 붉었다.
그리고 자당화는 고왔다. 1273년 4월.

16코스에 세워진 유명 시인의 시비는 길을 걷는 이로 하여금 잠시 시상에 빠지도록 만든다.

16코스 종점인 광령1리 사무소에서 지체 없이 완만한 내리막길로 이어지는 17코스를 걸었다. 무수천을 옆으로 끼고 한참을 내려가다 보면 어느새 외도포구에 다다른다.

해장역이 보인다.

얼핏 보면 어느 기차역 같기도 한데, 자세히 보니 뼈 해장역, 즉 속 풀이 뼈다귀 해장국집인 것 같다.

내도 바당(바다)길부터는 제주공항 부근이라 그런지 음식점 카페 등이 해안가에 죽 늘어서 있다. 이호테우 해수욕장 부근에 눈길을 끄는 방사탑이 세워져 있다.

방사탑은 어부와 해녀들의 안녕을 기원하는 돌탑이다. 마치 대만 예류 지질공원의 이집트 여왕인 네페르티티 얼굴 모습 같아서 아내에게 카톡으로 무엇 같은지 물어보았다. 잠시 고민하길래 '대만'이란 힌트를 주었더니 금세 정답이 왔다.

도두봉에 오르니 제주시내와 한라산 정상이 한눈에 들어온다. 물론 대기질이 선명하지는 않았지만 그래도 시원하다. 이제 본격적으로 벚꽃이 피어오르고 있었다. 도두봉을 뒤로 하고 내려오는데 누가 그랬는지 동백나무 꽃잎을 모아서 하트 모양을 만들어놓았다.

꽃 하트

도두봉에서 공항 옆으로 늘어선 음식점, 카페, 펜션을 거쳐 제주의 상징 용두암에 도착하였다. 용두암은 어둑어둑해지고 있음에도 많은 인파로 북적였다.

발가락이 아파오기 시작하여 코스 막바지가 힘에 겹다. 6시 30분에 비로소 17코스 종점인 제주시내의 관덕정분식에 도착하였다. 제주 시내까지 걷는 일정이라 새로운 기분은 들었으나 고달픈 여정이었다.

터미널까지 버스를 타고 이동하여 컵라면과 김밥을 사서 숙소에 도착, 어제 먹다 남은 고기와 함께 '맛저'를 하였다. 이 호텔은 지금까지 숙소 가운데 히터 사정이 제일 낫다.

17일차 3/18(목)

18코스(관덕정분식 ▶ 제주항연안여객터미널 ▶ 화북포구 ▶ 삼양해수욕장
▶ 닭모루 ▶ 조천만세동산)
19코스(조천만세동산 ▶ 제주항일기념관 ▶ 신흥리백사장 ▶ 함덕해수욕장)
34.0km … 45,176걸음

 세상에 이런 일이

오늘 처음에는 18코스만을 걷기로 하였지만 내일 날씨를 고려하여 19코스 일부를 더 걷기로 하였다. 버스노선이 안 맞아 500m 정도를 걸어서 18코스 출발지점 올레코스에 진입하였다. 걷기 위해 왔는데 걷는다. 내일 오후에 비 예보가 있어 오늘 많이 걸어놔야 하는데 가능할지 모르겠다.

돌 많고 평탄치 않은 올레길을 걷는 데는 중등산화가 필요한 것 같다. 그러나 도로나 평탄한 길에서는 중등산화는 거

추장스럽고 짐이 된다. 여분의 신발을 휴대하고 다니면서 갈아 신기도 그렇고 모호하다.

18코스 코스 시작점 근처에 있는 동문시장에 들렀다. 40년 넘게 호떡을 팔고 계시는 할머니 호떡집에서 호떡을 샀다. 1개에 500원이다. 우리나라에서 가장 싼 곳일 것이다. 1,000원에 2개 샀다. 종이컵에 담은 호떡 맛이 좋다.

18코스 초반 제주 원 도심 구간을 벗어난 올레길은 건입동 사라봉을 향하였다. 정상에 오르면 즐비한 각종 운동기구들을 볼 수 있다. 그리고 벚꽃이 활짝 핀 정상 주변 너머로 연안여객선터미널과 푸른 바다가 훤하게 펼쳐진다. 이윽고 사라봉에서 내려와 별도봉에 가는 언덕길이 환상적이다.

제주시민은 좋겠다. 이러한 환상적인 곳에서 매일 산책을 할 수 있어서 말이다. 지금은 벚꽃까지 흐드러지게 피어서 아름다움의 절정을 보여준다. 여기가 유토피아 아닌가. 별도봉을 내려오니 예쁜 돌탑 장식으로 가득한 집이 올레길 오른쪽에 펼쳐진다.

별도봉 언덕

별도봉의 벚꽃

'그곳에 가고 싶은 곳 올레길 18코스 돌과 나무 오름올레 전시관…'이라고 적혀 있다. '세상에 이런 일이' 방송에도 나왔다고 한다. 전시관 뒤로 보이는 별도봉이 연분홍 꽃의 옷으로 화려하게 치장하고 있다.

벚꽃이 산을 물들이는 염색약이 된 것이다. 가을산은 노르스름한 색깔이 좋듯 초봄에는 이러한 색깔이 제일 아름답다. 올레길가에 좀 힘들어하며 기지개를 펴고 있는 문주란도 보인다. 본격적인 해안가 올레길로 접어드는 초입에 아프리카 집이 나의 시선을 사로잡았다. 노랑, 하얀색의 유치원 건물 같아 보였지만 모양이 동글동글한 이색적인 커피숍이다. 길가 언덕의 홍매화도 겨우내 움츠렸던 가슴을 활짝 펴게 만든다.

닭모루 정자

    편의점 김밥과 두유로 가볍게 '아점'을 즐기고 다시 일어나 걷는다. 해안가 밭의 아직 덜 핀 유채꽃도 볼만하다. 시비코지에서 닭모루 가는 길은 해안 용암석 길을 걷는 길인데 출렁거리는 파도소리와 호흡을 맞춰 발걸음을 옮기니 한층 가벼워진다. 코지는 곶의 제주 방언이다. 곶은 포항 호미곶처럼 돌출된 부분을 말한다. 멀리 보이는 정자 또한 뷰 포인트다. 닭모루는 닭이 흙을 걷어내고 그 안에 들어앉은 모습과 닮았다고 해서 붙여진 이름이다. 그런데 나는 아무리 봐도 닭의 모습을 상상해볼 수 없었다.

    다음 올레길에는 찾을 수 있을까. 주말에는 많은 관광객들이 몰린다고 한다.

    연북정에 가까워지니 커다란 돌탑이 무리 지어 있는 모습이 보였다. 규모는 좀 작지만 진안 마이산 돌탑과 흡사하다. 여기서 잠시 멈춰 기도를 한다.

연북정 돌탑

앞만 보고 걷다보니 어느새 조천 비석거리를 지나 18코스 종점인 조천 만세동산에 다다랐다. 시계는 3시 40분을 가리키고 있었다. 계획대로 19코스 함덕해수욕장까지 더 걷기로 하고 발걸음을 재촉한다. 19코스는 조천 만세동산 내부의 항일기념관으로 연결된다. 개관을 하지 많아 내부 모습을 관람할 수 없었지만 제주도민의 항일의 기운이 기념관 밖에서도 서려 있는 것 같았다. 뭉클한 발걸음을 한 걸음 한 걸음 뗀다. 오후 저녁노을이 지기 전 따스한 봄 햇살을 머금고 자라는 채소밭과 유채꽃밭에 나부끼는 올레 리본이 오늘따라 무척 정겨워 보인다.

이윽고 신흥리 백사장을 지나 오늘 목표지점인 함덕해수욕장에 다다랐다. 함덕해수욕장은 제주의 해수욕장 가운데 크기는 비슷할지 몰라도 각종 편의시설인 호텔, 펜션, 리조트, 카페, 음식점 등이 빽빽하게 들어선 인기 있는 곳이다. 내가 존경하는 후배 △전무도 이곳의 호텔과 음식점을 추천하는 것을 보니 인지도가 높은 해수욕장임이 분명하다.

오늘 동풍의 거친 바람을 안고 걸어 두 배로 힘든 하루였다. 천근만근 무거운 몸을 이끌며 201번 버스를 타고 제주시로 복귀하였다.

18일차 3/19(금)

19코스(함덕해수욕장 ▶ 서우봉 ▶ 북촌포구 ▶ 솔숲 ▶ 동북리마을운동장 ▶ 김녕농로 ▶ 남흘동 ▶ 김녕서포구)
18.49km … 24,606걸음

웬일인가

아침에 기상정보를 보니 오늘 온다고 한 비가 내일로 늦춰지고 있다. 그래서 좀 여유롭게 숙소를 나섰다. 201번을 타고 함덕해수욕장으로 출발하였다.

오늘이 제주 내륙의 마지막 코스다. 남은 거리는 13.1km의 짧은 거리다. 3시간 정도의 거리여서 여유를 가지고 마무리하자는 마음으로 함덕해수욕장을 통과한다. 내일 추자도에 갈 것인가는 내일 아침에 판단하기로 한다. 비 예보가 점점 약해지고 있긴 하다.

유채꽃과 함덕해수욕장

서우봉에서 바라본 함덕해수욕장

잔잔하고 아름다운 함덕해수욕장 모래 위의 물결을 바라보며 서우봉에 올랐다. 서우봉 중간지점에서 내려다보이는 함덕해수욕장 전경이 장관이다.

유채꽃이 피어서 더욱 분위기를 돋운다. 날씨만 좋았더라면 더욱 환상적이었을 것이다. 금요일 오전임에도 연인끼리 가족끼리 많은 상춘객들이 함덕해수욕장 쪽을 향하여 셔터를 눌러댄다. 나도 동참하였다.

해질녘 오후에는 서우 낙조가 유명한가보다. 푯말도 있다. 서우봉을 내려오니 무 수확이 한창이다. 제주 무가 특별히 맛있다고 한다. 유채꽃은 까만 돌담에 피어나 있어야 제맛이다. 주택가에 들어서니 천사의 날개가 있다. 아내가 있었다면 아내를 천사로 만들어줬을 텐데, 다음을 기약하자.

천사의 날개

해안가 1132도로를 건너면 내륙 중산간으로 이어지는 오르막구간이 펼쳐진다.

또 네잎클로버를 발견하였다. 그것도 한두 개가 아니다. 나는 네잎클로버 찾기 귀신이다.

동북리 마을운동장 위에서 중간스탬프를 찍고 숲속으로 들어갔다. 11코스나 14-1코스의 곶자왈 분위기가 많이 나지는 않았지만 걷기 좋은 코스다. 남흘동 방향으로 내려가는 길 주위에 역동적으로 돌아가는 풍차가 눈에 띈다. 유채꽃과 어우러진 풍차는 낭만적이다.

네잎클로버

풍차와 유채꽃

동문시장

    이로써 26개 코스 중 18-1 추자도 코스만 남게 되었다. 그런데 내일 날씨가 문제다.

    저녁에 동문시장에 구경 갔다. 그곳 가게들은 부익부 빈익빈 현상이 적나라하게 드러나고 있었다. 안 되는 가게는 파리 방지용 바람개비만 돌아가고, 잘 되는 집은 대기 줄이 50m는 족히 된다. 이게 웬일인가. 주로 불로 요리를 하는 시푸드 음식점이 성황을 이루고 있었다.

    나는 그냥 지나치기가 아쉬워, 줄이 길지 않고 특색 있는 김밥 세트를 사가지고 숙소로 돌아왔다.

19일차 3/23(화)

18-1코스(추자도 상추자항 ▶ 봉글레산 ▶ 묵리슈퍼 ▶ 신양항 ▶ 예초리
▶ 돈대산 ▶ 온달산길 ▶ 상추자항)
28.15km ⋯ 24,606걸음

사라진 칼잡이와 나타난 배앓이

우여곡절 끝에 올레 마지막 코스 추자도에 오르게 되었다. 추자도행 여객선이 풍랑주의보 때문에 결항되었던 지난 3일 중 마지막 날의 한라산 등반은 내 인생의 역사적인 변곡점이 되었다. 백록담에서 BAC 명산100 프로그램의 1호 GPS 인증을 받은 것이다. 또한 결항 둘째 날 호텔 사장님의 추천으로 방문한 비자림은 나를 아열대 생태계의 아름다움 속으로 빠져들게 하였다. 사실 나는 결항 첫날 비자림에 갔다가 1,500명 인원제한에 걸려 허탕쳤었다.

추자도

    아침 일찍 일어나 여객선터미널에 전화를 걸어 추자도행 배가 정상 운항함을 확인하였다. 미리 준비한 멀미약을 먹었다. 터미널에 나름대로 일찍 도착하였다고 생각하였지만 벌써 많은 인파가 대합실에서 북적였다. 일부는 표를 예매하기 위해 줄을 서서 기다리고 있었고 나머지는 의자에 앉아 승선을 기다리고 있었다. 올레꾼은 생각보다 많지 않아 보였다. 낚시꾼이나 현지 주민들, 우수영에 가는 사람들이 많은 것 같았다. 티켓을 13,800원 주고 발권하였다. 우도나 가파도와 달리 추자도는 편도 티켓만 판매한다.

    사실 3일 전에도 이곳 터미널에 왔었다. 그런데 사람이 한 명도 없어 이상해서 여객선 사무실에 가서 문의해보니 오늘 배편이 결항되었다고 하여 되돌아간 아픈 기억이 있다. 그렇다면 나만 그런 것일까. 내가 그렇게 정보력이 부족한 것인가. 여행은 이렇게 우연한 상황에서 문제가 발생하고 기회가 생긴다. 이를 잘 다스리는 자가 여행의 고수다.

    퀸스타 2호 좌석은 2층 C424이다. 그런데 파도 때문인지 멀미가 심하다. 나중에 알았는데 내가 2층에 있었던 것도 멀미

퀸스타 2호

의 주요 원인이었다. 바다 위의 배가 거친 파도와 싸웠던 1시간 동안 나는 화장실에서, 화장실 밖에서 나의 배를 움켜잡고 울렁거림과 싸워야 했다. 그렇게 추자도가 나를 쉽게 허락하지 않았다. 그런데 다른 승객들은 아무렇지도 않은 모양이다. 올레꾼처럼 보이는 몇몇 여자들만 나와 비슷한 증세를 보였다. 2011년 여름 울릉도에 갔을 때 아내와 아들은 배 멀미가 심하여 바닥에 드러누워 있을 정도였는데, 나는 그럭저럭 견딜 수 있었다. 그런데 오늘 나는 왜 이렇게 약한 모습을 보이는 것일까. 그것이 궁금하고 걱정이다.

울릉도 가족여행 때 배우 조민희, 외국인 로버트 할리, 배한성이 독도 촬영을 위해 같은 배에 탔던 기억이 난다.

상추자항에 입항하여 마지막 올레 18-1코스를 출발하였다. 이 코스는 총 길이가 18km지만 오르막 내리막이 가장 많은 난코스 중의 난코스다. 따라서 급한 걸음을 걸어야 오늘 제주로 돌아갈 수 있다. 나는 마치 옛날 100미터 달리기할 때의 크라우칭 스타트자세로 출발하듯이 대합실을 빠져나왔다. 내 옆에는 약간 젊은 남자 올레꾼이 마치 검투사가 허리에서 칼을 빼 적장으로 돌진하듯이 백팩에서 스틱을 꺼내 큰 걸음으로 추자 올레 여행자안내센터로 향하였다. 뒤돌아보니 아까 배 안에서 배를 부여잡고 신음하였던 올레꾼 무리가 여유롭게 따라온다. 나와 검투사는 스탬프를 찍고 우측 추자초등학교로 올랐다. 우리 둘 앞에 올레꾼은 아무도 없다. 최영 장군 사당을 가볍게 스치고 앞서거니 뒤서거니 봉글레산을 오른다. 봉글레산에서 다시 내려와 마을로 진입하였는데 주민들은 마스크를 안 쓰고 있었다. 사실 그 주민들은 마스크가 불필요한 청정지역에 살고 있는데, 우리 같은 외부인이 침투하여 그들을 코로나의 위험에 빠뜨리고 있는 것이다. 과연 내가 생태계교란의 외계인인가.

추자등대에 오르니 상추자도가 시원하게 조망된다.

상추자항과 하추자도 섬 너머 아스라이 조그마한 부속 섬들이 조용히 자기 위치를 지키고 있었다. 정말 세상이 정지된 느낌이다. 이것이 바로 섬의 매력이다.

그런데 아까 그 검투사는 내가 추자등대에서 경치에 빠져 한눈팔고 있는 사이 발 빠르게 움직이더니 금세 어디론가 사라져버렸다. 그 이후 앞을 봐도, 뒤를 쳐다봐도 그의 모습은 보이지 않았다. 나중에 4시 30분 제주로 돌아오는 배에서 볼 수 있었다. 나는 그의 이름을 '검투사'에서 '칼잡이'로 개명시켰다.

바람케쉼터 정자에서 오른쪽으로 펼쳐지는 바다는 유럽, 호주, 미국 남부의 그 어느 곳보다 아름다웠다.

상추자도

동쪽으로 보이는 섬들

서쪽으로 보이는 풍경

우리만이 품고 있는 고유의 잔잔함이라고 해야 하나, 고즈넉함 그 자체라고 해야 하나. 말로 다 표현하기 어렵다. 눈이 즐거운 내리막길을 걸어 상추자도와 하추자도를 잇는 꽤 긴 추자교를 건넜다. 이윽고 묵리 고갯길을 지나 중간스탬프 지점인 묵리슈퍼에 다다랐다. 5km를 쉼 없이 걸었다. 그런데 여기서 믿어지지 않는 풍경이 벌어졌다. 아까의 배 앓이 멤버가 묵리슈퍼 주변 주택가를 돌며 유유자적하고 있는 것이 아닌가. 그들이 이곳에 어떻게 나보다 먼저 와 있지. 홍길동인가. 축지법을 쓰는 인간들인가.

도전은 룰이다.
도전은 약속이다.
도전은 자기 자신과의 싸움이다.
도전은 양심이다.

나는 지체 없이 묵리슈퍼를 지나 오른쪽 능선 길로 신양항 쪽으로 향하였다. 이곳 길은 쪽빛 바다와 출렁대는 파도, 노란 꽃들이 어우러져, 오스트리아 빈에서 본 오케스트라의 하모니를 연출하고 있었다.

길 양쪽에 유채꽃이 피어있는 길을 걷자니 내가 지금 손오공이 되어 구름 위를 걷는 줄 착각할 정도다. 이곳이 추자 올레에서 가장 매력 있는 길이다. 옛 시골길이 떠올라 50년 전의 추억을 소환하였다.

추억을 소환한 길.

신양항은 상추자항과 다르게 또 다른 한적한 매력을 가져다주었다. 모진이 해변을 지나 언덕길을 걷다보면 황경한의 묘가 나타난다. 어머니 정난주가 아들 황경한을 놓고 간 눈물의 십자가에서 조금 떨어진 옆에 그의 시신이 묻힌 것이다.

대학 친구 이 수석에게 여기 사진을 카톡으로 보냈더니 추자도 코스는 풍랑을 만나 못 갔다고 하였다. 그러니까 이 수석 부부는 제주의 천주교 성지순례 코스 가운데 추자도 코스만 남긴 것이었다. 내가 오늘을 끝으로 제주 올레를 마무리한다고 하였더니 입이 떡 벌어진다.

황경한의 묘에서 조금 내려가면 신대해수욕장이 나오는데 U자형의 만으로서 바닷물이 햇빛을 받아 그렇게 반짝거리고 아름다울 수가 없었다.

신대해수욕장

여름방학 때 아내와 함께 이 해수욕장에서 올레 최고의 여유로움을 즐겨보기로 마음먹었다.

예초리 기정길은 신양항 가기 전 추억의 길과 함께 추자 코스의 양대 하이라이트였다. 오른쪽 해안 절벽 위로 이어지는 조그마한 길은 올레길의 전형이며 특히 구불구불한 나무들이 서로 엮어진 모습의 터널을 지나갈 때는 ROTC 후배들이 꽃으로 장식하여 예도하는 길을 걷고 있는 듯한 황홀감에 빠져들게 하였다.

주인공인 내가 그 길을 걷고 있으니 나는 부러울 게 없다. 가끔 굵은 보리수열매도 보인다. 아름다운 터널 길을 지나니 탁 트인 비탈길이 나를 반긴다. 마치 티베트 차마고도의 비탈길 같다. 차마고도는 장엄하지만 삭막한데, 여기는 아름답기기까지 하니 혼이 빠질 것 같다.

어느덧 추자 올레길 2/3 이상을 지났다. 예초 포구에서 현재 시간이 2시 30분이니 배 출항 시간까지 2시간 남짓 남았다. 계산을 해보니 빠른 걸음으로 가면 제시간에 도착할 것 같았다. 그런데 돈대산을 올라야 한다. 돈대산을 오를 때 마음이 급했던지 처음에는 조금 힘들었지만 곧 드넓은 바다가 펼쳐져 힘이 났다. 해안도로로 걸으면 차량 때문에 위험할 수 있어 온달산길 같은 조그마한 통로를 만들어놓은 것 같다. 그 길 또한 바닥이 풀 가지를 엮어 만든 마대처럼 푹신하여 걸을 만하였다.

예도하고 있는 나무들

탁 트인 길

상추자항에 도착하니 시간이 좀 남아 최영 장군 사당을 자세히 둘러보았다. 최영 장군은 몽골군을 진압하기 위해 제주로 가는 도중 풍랑을 만나 추자에 입도하게 되었는데, 추자에 머무는 동안 주민들에게 그물로 고기를 잡는 법을 알려주었다고 한다. 그것이 추자도 주민의 생활이 향상되어 주민들이 최영 장군의 고마움을 기리고자 이 사당을 세웠다고 한다. 해마다 최영 장군 사당제를 지낸다.

최영 장군은 '황금 보기를 돌같이 하라'는 아버지 유언을 지켰다. 오늘날 우리가 배워야 할 덕목이다. 그리고 '내 평생 탐욕이 있었다면 내 무덤에 풀이 자랄 것이고 결백하다면 무덤에 풀이 자라지 않을 것이다'라고 하면서 최후를 맞이하였다고 한다. 그리고 실제로 최영 장군 무덤에는 오랜 세월 동안 풀이 자라지 않았다고 한다.

나는 군에 있을 때인 1989년 1월 1일에 파주의 최영 장군 묘를 찾아갔던 기억이 난다. 대대장이 소대장과 중대장, 참모들을 소집하여 같이 갔다. 제주 본섬에서도 보고 여기서도 최영 장군을 보다니, 최영 장군과는 인연이 많다는 생각이 들었다. 최영 장군은 홍성 용봉산에서도 만날 수 있다. 홍성 용봉산 최영 장군 활터의 유래는 눈물 나게 만든다. 최영 장군은 애마와 그의 화살의 빠르기 시합을 하였는데, 목적지에 가보니 화살이 안 보여, 이미 지나간 것으로 알고 애마의 목을 치는 순간 화살이 지나간 것이다. 애마를 잃은 최영 장군은 자신의 경거망동에 통곡을 하였다고 한다. 지금도 홍성 시내에 '금마총'이란 말의 무덤이 있다.

4시 30분 배를 타고 추자도를 떠났다. 이번에는 멀미를 거의 하지 않았다. 파도의 높이에 따라 멀미의 정도가 결정된다는 것을 조금 알았다. 1층 앞 중간 쪽에 앉아서 그랬을 수도 있었을 것이다. 제주항에 도착하여 숙소에서 서귀포행 버스를 탑승하였다. 서귀포에 있는 제주 올레여행자센터에 가기 위해서였다.

오후 8시에 여행자센터에서 몇 가지 설문조사를 하고 완주 인증서를 발급받고 기념사진을 찍었다. 제주에 도착하니 10시가 넘었다. 이렇게 올레길 19일간의 대장정이 마무리되었다.

완주번호 Certificate No. J02021 0323 A252-6056

제주올레 완주증서
JEJU OLLE TRAIL Certificate of Completion

2021년 year 3월 month 23일 day

성명 Name 김홍설

당신은 제주의 아름다운 바다와 오름, 돌담, 곶자왈, 사시사철 푸른 들과 정겨운 마을들을 지나 평화와 치유를 꿈꾸는 제주올레의 모든 코스 약 425km를 두 발로 걸어서 완주한 아름답고 자랑스러운 제주올레 도보여행자입니다.

You are now proud Olle hiker who has completed 425km of trails in search of peace and spiritual healing on Jeju Olle Trail passing alongside the beautiful ocean, stone walls, Gotjawal, Oreum, evergreen fields and through friendly villages on Jeju Island, KOREA.

서 명 숙   사단법인 제주올레 이사장
Suh, Myung Sook   President of Jeju Olle Foundation

제주올레
JEJU OLLE TRAIL

올레 1 완주 인증서

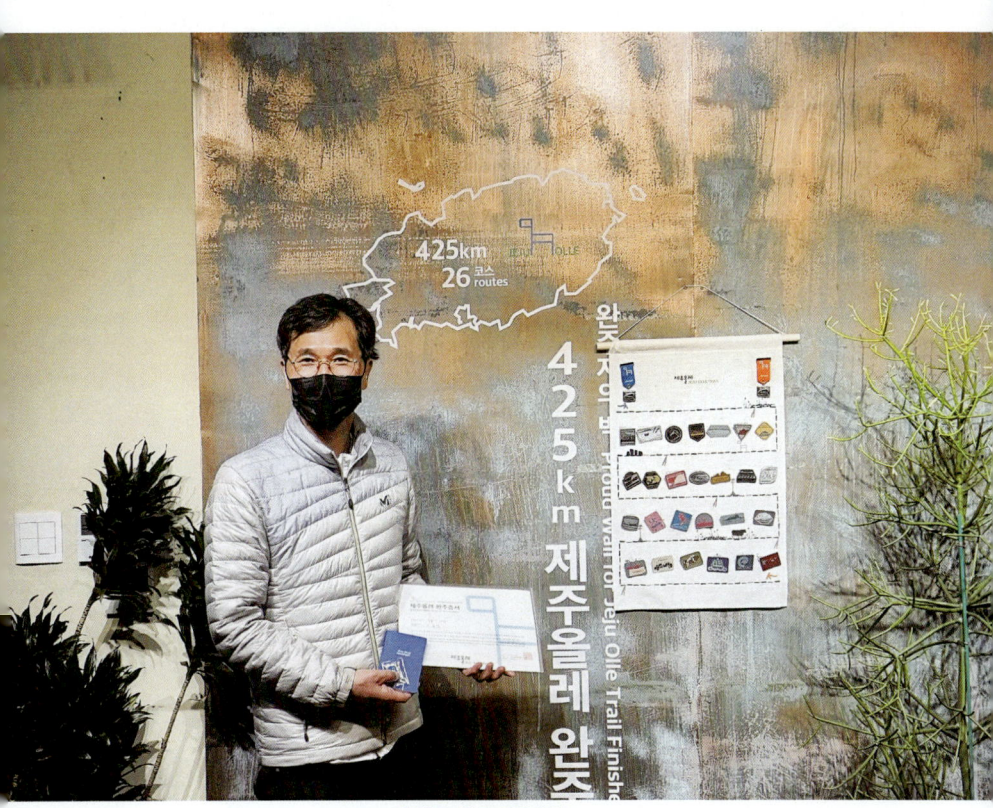

올레 1 완주 인증사진

제주 올레 2

제주 올레 2는 2021. 10. 15.~17. 일정의 2박 3일간의 '부부 올레'와 11. 11.~26. 일정의 15박 16일간의 '나홀로 올레' 이야기다.

'큰길에서 집까지 이어지는 좁은 골목길'이란 제주 방언인 올레, 그 올레를 이번에 두 번째로 도전하였다.

3월 제주 올레 1, 3월~10월 BAC 100대 명산에 이어 3번째 프로젝트인 제주 올레 2가 서막을 올린 것이다.

제주 올레의 인기는 지금 전국적으로 광풍이 불고 있다. 2012년 11월에 완주자 1호를 배출한 이후 2021년 3월까지 약 8년여 동안 약 6천 명이 완주했는데, 2021년 11월에 약 9천 5백 명이 완주하였다. 즉 8년간 6천여 명의 완주의 흐름을 이어오던 것이 최근 8개월 만에 3천 5백 명이 완주하였으니 그 증가세는 가히 폭발적이라 할 수 있다.

이번 가을의 올레는 제주의 색깔이 어떨지 궁금하다. 올레 1 때의 시행착오는 지금 올레 2의 즐거움으로 이어질 것이다. 날씨에 따라 제주시에서 시작할 것인가, 아니면 성산포나 서귀포시로 변경할 것인가를 결정할 것이다. 제주 날씨는 매우 변화무쌍하므로 숙소 예약을 서두르지 않아야 한다.

지난 올레 1에서는 마지막에 18-1코스인 추자도 코스가 일정 잡기가 가장 힘들었다. 풍랑 정도에 따라 배편이 취소되기도 하였고 파도 때문에 멀미를 많이 하였다. 3일 동안 결항된 후 4일 만에 오른 지난 3월의 배는 가히 나의 뱃속을 휘젓고 난도질한 거대한 칼이었다.

　이번 올레 2는 날씨를 고려하여 가급적 난코스인 18-1 추자도 코스를 먼저 걷기 위한 일정을 세워야겠지만 초반 일기가 고르지 못하면 성산포나 서귀포시 쪽을 시작점으로 조정하기로 한다. 올레 1 때는 성산포 부근에 숙소를 정하고 1코스부터 돌았다. 올레 1 때도 그랬지만 이번에도 크게 4개 지점을 숙소 스폿으로 정해놓고 걸을 계획이다. 성산, 서귀포, 대정, 제주시 이렇게 정해놓고 움직일 것이다.

　올레 2 출발 며칠 전에 집에서 가까운 영풍문고에 가서 제주 올레 관련 서적을 구입하였다. 가급적 최신 출판서적으로 구입하였는데 정리가 잘 되어있고 내용이 풍부하였다. 사진 또한 휴대전화 카메라가 아닌 DSLR로 찍은 것 같아 화질이 좋았다. 트레킹도 레저스포츠의 한 유형이라고 볼 때, 레저스포츠를 전공하고 있는 나로서 책임감과 부담감이 동시에 밀려온다. 그렇지만 여기서 멈출 수가 없다. 소소한 일기나 기행 형태로 나의 행적을 기록한다는 가벼운 생각으로 임해보고자 다짐한다.

　출발 며칠 전 아내의 지인인 대전의 모 고등학교 교장선생님이 추천한 맛집을 확인해보니, 올레 1 때의 한림 숙소 바로 옆에 위치하고 있었다. 그때 알았다고 하더라도 그 집에 들어가기를 머뭇머뭇하였을 것이다. 왜냐하면 그 당시 나는 백신 접종 완료가 안 된 상태였으므로 최대한 사람과의 접촉을 피하는 올레생활을 하였기 때문이다.

저녁 식사는 거의 편의점 도시락으로 숙소에서 해결하였으며, 아침이나 점심은 가급적 사람이 많지 않은 식당을 이용하였다. 제주는 관광도시라 그런지 1인분을 제공하지 않는 음식점이 많았다. 먹고 싶었던 갈치조림은 딱 한 번, 고등어조림은 한 번도 먹어보지 못했다. 어떤 사람은 혼자 2인분을 시켜 먹는 것을 보았는데, 나는 그건 좀 아니라고 생각한다.

그리고 지나가는 사람한테 사진을 찍어달라는 결례를 한 번도 범하지 않았다. 다만 지나가는 나한테 누가 찍어달라고 할 때가 종종 있었는데, 마지못해 찍어준 기억이 난다. 나는 정말 코로나19 방역수칙을 철저히 준수하였다. 간혹 올레꾼 중에 "안녕하세요?"라고 소리를 내어 인사해도 나는 목례 또는 눈인사로 대체하였다. 100대 명산 때도 그랬다. 마스크를 안 쓰고 목소리를 높여 인사를 하거나 황급히 마스크를 쓰고 소리를 내어 인사를 하는 사람들은 도대체 어떤 생각을 하는 사람들인가. 그들의 뇌구조가 궁금하다.

오롯이 혼자 걷는 것, 특히 이어폰으로 음악이나 라디오를 듣지 않고 걷는 것은 많이 지루할 것이라고 생각할지 모르지만 그렇지 않다. 혼자만의 값진 시간을 부여받아 그동안의 삶을 되돌아볼 수 있는 좋은 기회다. 앞만 보고 달려왔던 지금까지의 인생이 파노라마처럼 펼쳐지고 그 기억들이 영상으로 나타남으로써 걷는 길 앞에 수놓는다. 번뜩번뜩 지나가는 그 필름들은 좋았던, 행복하였던 장면도 있고 후회스러운, 안타까운 장면들도 오버랩되어 나타난다. 그럴 때는 100cm의 가슴이 한층 부풀어 올라 120cm쯤 되었다가 다시 새가슴처럼 오그라든다. 뭉클하기도 하고 정신이 차려지기도 한다. 그에 따라 미래의 포부도 자연스럽게 구체화된다.

주변 경관이 수려하면 더더욱 그 경치에 빠져들기 쉽다. 예전에 대전으로 내려오기 전까지는 좌고우면하지 않고 전방만 주시하고 달려왔던 것도 몰랐다. 그것을 깨달은 것은 대전으로 내려오고 나서다. 36세에 직장을 잡고 나서인 것이다. 그때부터 비로소 어디를 가도 앞뒤좌우와 위, 아래의 주변 풍광이 보이기 시작한 것이다. 너무나 신기하여 대전의 모 대학 선배한테 우연한 기회에 그것에 대하여 이야기하였다. 그랬더니 그 선배도 대전에 내려와서 그것이 보이기 시작하였다고 하였다.

준비물을 정리해 보았다.

올레스탬프여권, 국립공원스탬프여권, 배낭, 초경량 배낭, 마스크 여유분, 레인커버, 카메라, 카메라 배터리, 배터리 충전기, 멀티탭, 바지, 티셔츠, 모자, 장갑, 양치 도구, 면도기, 면도기 충전기, 화장품, 연고, 관절 연고, 관절캡슐, 비타민, 약, 밴드, 휴대폰 배터리, 휴대폰 충전기, 시계, 시계 충전기, 수건, 속옷(내의), 우산, 우의, 가벼운 수건, 책자, 메모지, 휴대용 펜, 손가락 장갑, 귀덮개

부부 올레

— 제주올레 2-1 —

✈ 10/15(금)

청주 ▶ 제주

줄 서는 뽈살

　3월 제주 올레 1에 이은 BAC 100대 명산 완등 이후 밀려오는 허탈감을 달래기 위해 제주 올레 2를 결심하였다. 100대 명산을 10월 12일에 마쳤으니 완등한 지 3일만의 제주 올레 2다. 비록, 2박 3일 여정의 짧은 올레지만 아내와 함께여서 기쁘다. 아내에게 올레 1 경험의 지식과 정보를 전수하고 싶어 더욱 설렌다. 나는 이번에는 올레 1 때의 시행착오를 거울삼아 준비를 조금 강화하였다. 특히 밑창이 강력한 트레킹화를 구입하였다. 올레 1 때는 예전 2014년도에 이탈리아에서 구입한 조깅화 수준의 가벼운 신발을 신었었는데, 그로 인하여 발가락이나 발바닥, 발꿈치에 문제가 생긴 것으로 판단하고 이번에 신중하게 대비한 것이다.

  12시에 아내를 픽업하여 △△중학교를 출발하였다. 50여 분 운전 끝에 도착한 청주공항에서 마일리지 등을 적립하고 체크인 후 식사를 하였다. 오후 2시에 이륙하여 제주공항 도착, 올레스탬프여권을 찾고 서귀포 숙소로 향하였다.

  호텔 △△△70에 체크인을 한 우리는 서귀포 유명 맛집인 뽈살집 본점에 도착하였다. 그런데 예상은 했지만 이렇게 대기 줄이 길 줄은 몰랐다. 뽈살집은 본관과 별관이 있다. 한림점도 있다. 도로변 10m 간격으로 본관 10테이블, 별관 7테이블 정도다. 대기 줄 인원은 30여 명, 10팀. 다행히도 의자가 있어서 앉아서 기다릴 수 있었다. 딱 1시간을 기다린 끝에 식당으로 입장하였다. 뽈살은 돼지고기의 부속고기인데 생각보다 부드럽고 맛있었다.

뽈살

  아내와 특수부위를 즐기고 있는데 사장님처럼 보이는 나이 지긋한 분이 테이블에 다가와서 "뭐 필요한 것이 없느냐"고 친절하게 묻는다. 분위기가 한층 부드러워졌다. 홀 안의 서빙 요원들은 느긋하다. 지금 밖에서 꺼져가는 배를 움켜쥐며 초초하게 입장 순서를 기다리는 대기 손님들을 아랑곳하지 않는 것 같아 조금 의아했다.

식사 후에 서귀포 70리길 바닷가 쪽으로 걸어가서 밀려오는 파도 소리를 라떼에 가득 담아 흔들어 마셨다. 즐겁고 행복한 시간이 이어졌다.

부부 올레 1일차 10/16(토)

7코스(제주 올레여행자센터 ▶ 강정천)
18.3km … 24,835걸음

신혼여행 2

비가 조금씩 내린다. 3월 올레 1 때도 비와 함께 출발했었다. 아내와 나는 근처 맛집에서 성게미역국을 시원하게 시켜 먹었다.

숙소로 돌아와 체크아웃 후 올레길 7코스 도전을 시작하였다. 실시간 날씨 어플을 보니 큰 비가 오지는 않을 것 같고 곧 그칠 것 같아 숙소에서 바로 나섰다. 이번 부부 올레는 지난번 올레 1 때와 달리 모든 짐을 등에 메고 걸었다. 제주 올레 여행자센터에서 아내는 미리 인증사진을 찍었다. 올레 26개 풀코스 완주의 약속 사진이다.

미리 찍은 인증샷

외돌개

 여행자센터를 지나 내리막길 서귀포70리길 공원을 걸었다. 비는 조금씩 내리지만 아내도 흥겨워하는 것 같아 기분이 들뜬다. 서귀포 길을 걷는 우리 부부 방향으로 인사를 하는 듯한 외돌개를 만나니 반가워 폰 셔터 누르는 빈도가 잦아진다.
 외돌개를 지나 촉촉한 대륜동 야자수 숲길을 지난다.

대륜동 야자수길

제주 올레 2

염원의 기도

지난 3월 올레 때 여기 포장마차에서 컵라면을 먹었었는데 오늘은 비가 와서 그런지 문을 닫았다. 수봉로를 따라 가다가 아내가 아들의 다가오는 시험 합격과 우리 가족 건강을 염원하며 정성스럽게 돌을 올려놓았다.

수봉로는 비 오는 오늘도 여전히 아름답다.

법환 포구 주변 영은이네서 고기칼국수와 보말칼국수를 맛있게 나눠 먹었다. 둘이 먹으니 고기칼국수보다 보말칼국수가 더 맛있다는 것을 비교할 수 있어서 좋았다.

예보와는 달리 빗줄기가 조금 더 굵어졌지만 우리는 괘념치 않고 계속 걸었다.

그런데 조금 후 아내의 발에 이상이 생겼다. 생각보다 빠르게 문제가 생긴 것이다. 걱정이 되어 철수를 하고 싶어도 마땅하게 버스가 닿는 큰 도로에 연결되기가 어려웠다. 하는 수 없이 7코스 중간스탬프 지점인 올레요 쉼터를 지나 강정천까지 힘겹게 발걸음을 옮겨 버스로 숙소까지 이동하였다. 하귀동 시드니 호텔로 이동하는 도중에 아내 신발을 구입하려고 가게 몇 군데를 돌아다녀보았지만 마땅한 신발이 없었다. 아내에게 미안한 마음이 들었다.

  시드니호텔은 신관과 구관으로 나누어져 있는데, 신관은 바다전망이 좋았다. 다만 날씨 탓에 바다가 그리 점잖지 않았다. 배낭을 열어보니 옷이 대부분 다 젖어 있었다. 국립공원스탬프여권도 다 젖었다. 다행히도 올레스탬프여권은 비닐 속에 있어서 괜찮았다. 젖은 옷들을 세탁하거나 말렸다. 특히 아내 신발을 신경 써서 말렸다. 드라이기를 좀 활용하였다.

비오는 날의 수봉로

우리 부부는 조금 휴식을 취한 후 하귀 미수포길에 있는 간장을 △△ 소라게 식당으로 걸어갔다. 아내는 걷는데 괜찮다고 하였다. 딱새우 맛이 좋았다.

시드니 오션 뷰 발코니에서 휴식을 취하다 보니 26년 전 신혼 여행지였던 호주 시드니의 아름다운 추억이 소환되었다.

간장을 품은 소라게

부부 올레 2일차 10/17(토)

17코스(외도포구 ▶ 관덕정분식)
20.94km … 27,453걸음

걸레님

어제와 비슷한 시간에 일어나 가문동 포구 근처 해물라면 맛집으로 향하였다. 발이 아픈 아내는 걸을 만한 것인지 표시를 안 내는 것인지 걱정이 되었다. 이곳은 문재인 대통령도 다녀간 줄서서 먹는 맛집이었다. 30여 분 기다린 후에 길쭉한 철판에 문어, 가리비, 왕새우, 전복, 게 등 해산물로 가득 찬 해물라면을 즐겼다.

하귀초등학교까지 조금 걸어가서 버스를 타고 17코스 중간 시작점인 외도항으로 이동하였다. 여기서 잠시 외도 바다를 전망하다가 뜻밖에도 어느 장소에서 어떤 분과 좋은 말씀을 나눴다. 이 외도 길은 제주 공항까지 해안가로 이어지는 올레길이다. 바람은 차가웠으나 공기는 상쾌하여 걸음걸이가 가벼웠다. 내도 바당길을 걷노라니 아트앤웹툰학부 이 교수님 작품과 아주 비슷한 그림이 벽에 걸려 있어 가만히 살펴봤더니 걸레스님 작품이었다. 이 걸레스님은 대단한 분인 것 같다.

동심

길가에서 콧등이 얽은 물소 같은 동물이 진흙탕에서 뛰쳐나가려 하는 모양의 용암석이 눈에 띄었다.

그 물소 등에도 예외 없이 기원의 돌들이 우리 부부의 소망과 교감을 하듯 정교하게 쌓여 있다.

이호테우 해수욕장 근처의 트로이목마는 생각보다 거대하였다. 예전에 제주에 왔을 때 나는 트로이목마를 그냥 멀리서 보고 지나쳤는데, 아내가 가까이 가보자고 하여 근처까지 갔다. 아내는 원래 호기심이 대단히 많다. 아이들이 어렸을 때도 여행지에서 그 호기심을 통해 얻은 지식과 정보를 아이들에게 관광해설사처럼 끊임없이 알려주었다. 그런데 애들은 아내의 말에 반응하지 않는 것 같아 안타까울 때가 많았다. 그러나 지금 생각해보면 애들은 겉으로만 그랬지 속으로는 엄마 말을 귀담아들었던 것이다. 애들이 대견스럽다.

얼마쯤 걸었을까. 길옆 화단에 이중섭의 황소가 눈에 확 들어왔다.

물소

황소

정말 역동적인 모습이 이중섭의 작품과 똑같았다. 이중섭의 황소와 같다고 하여 전시해놓았는지 그냥 돌 모양이 멋져서 갖다 놓았는지 깊게 확인하지는 않았다. 그렇든 그렇지 않든 내가 그렇게 생각하니 돌 모양이 더욱 신비롭다.

나는 어디에 가면 어떤 모양에 이름 짓기를 좋아한다. 대학 시절 친구들과 홍도에 갔을 때 일이다. 관광 가이드가 배를 타고 섬을 한 바퀴 돌면서 저 바위는 거북바위, 저 바위는 만물상, 원숭이바위라고 안내하였는데, 나는 가이드가 소개한 것보다 더 많은 바위에 이름을 지어주었다.

야자수와 한라산

　야자수 사이로 내다보이는 한라산 정상에는 벌써 두툼한 흰옷으로 갈아입고 몇 개월 겨울을 날 준비를 하고 있었다.
　도두봉을 지나 무지개 해안도로를 마주한 카페 나모나모에서 바다를 바라보며 커피와 빵으로 간단히 요기를 하였다.
　이런 카페에서는 바다가 보이는 자리를 선점하는 것이 무엇보다도 중요하다. 또한 이 카페 거리가 도두동 무지개 해안도로서 사진 찍기에 좋은 장소라는 것을 우리는 나중에야 알았다. 정보력과 자연을 보는 감각의 중요함을 일깨우게 만든다.
　커피의 힘으로 용두암에 다다라, 용 모양이 잘 나오는 각도 쪽으로 깊숙이 내려갔다. 커다란 흑룡 한 마리가 바다 방향으

꿈틀거리는 용

로 몸을 비틀며 입을 벌리고 포효하고 있었다. 용띠인 나는 금세 저 꿈틀거리는 용과 친구가 되어 교감하였다.

 아직도 줄서서 기다리고 있는 사람이 많은 맛집인 우진해 장국집을 지나 오늘의 목적지 17코스 종점인 관덕정 분식집에 도착하였다. 마지막 스탬프를 찍고 우리 부부는 어둑어둑한 해를 뒤로 하고 약 15년 전에 가보았던 추억의 물항식당으로 향하였다. 갈치, 민어, 한치회 맛을 골고루 맛보았다. 근사한 저녁이었다. 만찬을 한 후 근처 탑동광장 쪽으로 걸어 나와 보니 횟집들이 불야성을 이루고 있었다. 그새 이쪽으로 먹을거리 촌이 개발된 것이다.

도두동 무지개 해안

제주 공항에서 좀 쉬다가 청주행 비행기에 몸을 실었다. 짧았지만 알찼던 2박 3일간의 부부올레가 아름답게 장식되었다.

나홀로 올레

— 제 주 올 레 2 - 2 —

✈ 11/11(목)

청주 ▶ 제주

손오공과 좀비

며칠 전 버스 시간과 항공사, 항공 요금 등을 고려하여 제주행 항공편을 예약하였다. 유성터미널에서 3시 10분 시외버스를 타고 청주공항에 도착, 4시 50분 비행기에 몸을 실었다. 저녁 일몰이 예상되어 오른쪽 창가 좌석을 예약한 보람이 있었다. 나는 한 시간 동안 구름 위를 나는 손오공이 되었다.

이번 여행에도 추자도가 매우 신경 쓰인다. 터미널에 내일 출항 여부를 문의하니,

'안녕하세요. 고객님 ^^ 기상악화예보가 있어서 이용 시 아침 8시에 운항 여부 확인 후 이용해주세요.'

이런 답변이 왔다. 여기서 잠시 생각하였다. 내일 배가 뜬다고 해도 날씨가 고르지 못해 파도가 있을 것 같다. 내일이 금요일이다. 토, 일까지 사람이 많을 것 같아 추자도 코스는 일단 2순위로 고려하고 월요일에 추자도에 가기로 잠정 결정하였다. 추자도는 역시 어렵다.

숙소도 오늘, 내일, 모레는 접근성이 좋은 제주시 대로변에 위치한 숙소로 바꾸면 좋은데, 오늘은 취소기한이 지나 이미 늦었고 내일 옮기기로 하였다.

이번에는 특별히 준비한 것들이 있다. 레키 4단 스틱과 좀비깔창이다. 평지가 70% 정도이고 오르막, 내리막이 30% 정도인 올레길에서 스틱이 뭐가 필요하겠나 하겠지만 100대 명산을 올랐던 나로서 스틱은 두 다리와 동일한 역할을 한다는 것을 알았다. 그래서 100대 명산 때의 145cm 스틱보다는 길이도 작고 약하지만 휴대성이 좋은 4단 스틱을 장만하였다. 이번에 이것이 효자 노릇을 톡톡하게 해주길 바란다. 지난 올레 1 때는 손가락 끝이 없는 얇은 장갑과 일명 올레깔창이 큰 역할을 하였다. 이번에 스틱에 이어 비장의 무기는 좀비깔창이다. 비싼 값을 들인 깔창인 만큼 걷는데 도움이 되었으면 한다. 1차 때 발꿈치 근육뿐만 아니라 뼈가 너무 아파 100대 명산 때도 그 후유증으로 욱신거렸으며 지금도 맨발로 걸을 때면 통증을 느낀다.

트레킹화 또한 아주 튼튼한 것으로 준비하였다. K△사의 보아 다이얼, 고어텍스, 밑창이 강력한 트레킹 전문화다. 올레 1 때는 밑창이 얇고 아주 가벼운 테니스화를 신었는데 하루 이틀 정도는 괜찮더니 시간이 지나감에 따라 발가락이 아프기 시작하였다. 그래서 발꿈치로 걸었더니 발꿈치 뼈가 강한 타박상을 입었던 것 같다. 따라서 이번에는 어떻게 걷든 발바닥 쪽의 문제가 생기면 매우 곤란하다. 혹시 아킬레스건 쪽이나 복사뼈 쪽에 문제가 생기면 두툼한 양말이나 붕대, 밴드로 처방하기로 한다.

이번 올레 2는 사진, 글쓰기, 사색, 성찰, 음식에 주안점을 두기로 하였다.

기내에서 5시 50분에 착륙 준비 멘트가 떴다. 날이 많이 짧아져 제주 앞바다가 벌써 칠흑 같다. 이런 바다는 무섭기까지 하다. 착륙 후 호텔로 이동하여 체크인하고 식사를 하였다.

호텔에서 이런저런 생각에 잠기며 마음의 정리를 해 보았다. 흔히 나이 먹을수록 친구의 숫자가 줄어든다고 한다. 그런데 그 줄어드는 친구는 내가 친구를 싫어해서 또는 친구가 나를 싫어해서 정리되는 것만은 아니다. 자연의 이치다. '나이 먹음'의 자연스런 현상이다. 친구는 세월이 흐를수록 그 전의 아름다웠던 혹은 아름답지 않았던 추억이 많이 쌓이게 되는데, 그 추억이 반사경이 되고 마도로스의 키잡이가 된다. 결국 과거의 추억들이 현재 친구들과의 만남을 조종하게 되는데, 그 조종의 폭이 나이 들수록 커져 점점 막다른 길목으로 곤두박질친다. 물론 나이를 먹으면서 가족의 숫자가 늘어나므로 친구관계가 소홀해질 수도 있다. 또한 '기브 앤 테이크'의 문제에 사로잡힐 때가 많고 소심해지는 때도 적잖다. 상대방의 평가에 신경 쓰일 때도 많다. 즉 친구가 적어지는 것은 '나이 먹음'에서 오는 자연 현상이다. 결국 친구는 나이가 들수록 한두 명이면 족하다는 현인들의 말이 빈말이 아님을 깨닫게 한다.

그런데, 중국 청두에 거주하고 있는 68세 형님은 그야말로 지인들의 범주가 광폭이다. 어떻게 그런 성품을 지녔을까. 그분도 지인과의 문어발 같은 하루의 만남을 정리하고 뒤돌아서면 허탈할 것이다. 그러나 그 허탈함을 용기로, 정신력으로, 체력으로, 가족의 도움으로 견뎌내고 승화시키고 있는 것이다. 나는 도저히 배울 수 없고 흉내 낼 수도 없다. 그 형님은 과연 초인적이다. 코로나가 풀려 하늘길이 활짝 열리면 하루빨리 청두로 달려가서 조금이나마 형님 무리 속의 일원이 되어보고 싶다. 내가 책을 쓰려고 하는 이유 또한 사는 맛, 사는 멋을 부리고자 함인데 그분은 사는 맛, 사는 멋이 이미 도의 경지에 이르렀다.

이런 부러운 생각을 하면서 잠에 빠져들었다.

1일차 11/12(금)

18코스(관덕정분식 ▶ 삼양해수욕장 정자 ▶ 조천만세동산)
19코스(조천만세동산 ▶ 함덕해수욕장)
29.36km … 39,648걸음

100m 전력질주

 어젯밤에 난방도 시원치 않고 기대를 모았던 전기담요도 고장 나서 숙면을 제대로 취하지 못하였다. 숙소 내부 시설은 아기자기하고 사장님도 친절하였지만 기능적인 면에서 탈이 난 것이다. 불완전한 컨디션에서 어제 저녁을 먹고 남은 편의점 닭다리와 김밥으로 오늘 점심까지 견뎌보자는 생각으로 출발하였다.
 역사적인 올레 2 첫날의 18코스 출발이다. 밖의 기온은 봄 3월초와 비슷한 것 같은데 체감기온은 더 낮다. 봄의 아침은 상쾌했는데 지금은 왠지 3월만 못하다. 건입동 사라봉에는 제주 주민들로 북적거린다. 평일 낮 시간임에도 불구하고 많은 사람들이 친구끼리, 가족과 또는 혼자 음악을 들으며 등산과 트레킹에 열심이다. 사라봉 정상부에 설치되어 있는 체력단련장에서 시민들은 그야말로 군인들이 전쟁에 나서기 전 훈련이라도 하듯이 맹렬하게 허리를 풀어주고 다리를 찢으며 목과 팔을 돌리고 있다. 건강을 한 번 잃었던 사람들일까, 아니면 미리미리 예방하는 지혜로움을 행하는 것일까. 어쨌든 스포츠 전공자인 나의 입장에서 볼 때 대견하고 뿌듯한 생각이 든다.

요즘 웬만한 도시 근교 산에는 이러한 건강 관련 시설들이 많다. 건강 100세 시대에 걸맞은 시스템이다. 그러나 주민들이 더욱 접근하기 편리하게 운동에 참여할 수 있는 방안이 지속적으로 연구되고 개발되어야 할 것이다.

엊그제 힘겹게 신장 투석을 하고 있는 친구의 단체 카톡 방에서 알림이 왔다. 신장이식을 하는 줄 알았는데 난데없이 간이식을 한다고 했다. 상태가 많이 어려운가 보다. 제주 올레길 곳곳에서 그 친구의 쾌유를 빌 것이다. 그 친구 아내가 제주 출신이다.

구름 가득한 하늘이다. 이런 흐린 날에 간혹 햇살이 드러나면 그야말로 광명을 찾아 기도하고 열광하는 종교인들처럼 기분이 업 된다.

어떤 단체 카톡방에 이런 글이 올라왔다.

모든 것이 저만의 아름다움을 지니고 있으나
모든 이가 그것을 볼 수는 없습니다.
그러니 나의 가치를 알아주지 못한다고 슬퍼 마세요.
어딘가에 누군가 나를 알아주는 사람이 있을 거예요.
그 누군가가 저일지도 모르고요. 기다려 보세요.~~~^^

대장정을 시작하는 나를 알고 있는 듯 나에게 커다란 용기를 주는 글이다.

사라봉에서 별도봉 가는 길은 봄 풍경만 못하다. 그래도 골짜기와 계곡, 낭떠러지에 연결되어 있는 길 자체가 워낙 아름다워 올레꾼 뿐만 아니라 현지인도 많다. 별도봉을 내려와 '세상에 이런 일이' 방송에 나왔다는 전시관에서 별도봉을 바라보니 3월만 못했다. 3월의 은은한 연분홍 빛깔의 벚꽃이 얼마나 아름다웠는지 비교되는 순간이다.

노란 카페

조금 더 걸으니 유치원 건물 같은 노란 카페가 올레꾼들을 유혹한다.

삼양해수욕장 가기 전에 벌어진 일이다. 한참 걷다가 문득 생각났다. 길을 확인하려고 주머니에서 폰을 찾았는데 폰이 없는 것이다. 생각해보니 조금 전 들렀던 화장실에 폰을 놓고 온 것이었다. 왔던 길을 되돌아 100m 달리기를 하였다. 다행스럽게도 폰은 화장실에 그대로 있었다. 여행지에서 개인 물건은 항상 한군데 모아서 손에 닿는데 놓아야 한다는 평범한 진리를 잠시 까먹은 것이다.

  전에 올레 1에서 한두 번, 유럽 여행 때 숙소에 신발을 놓고 나온 사건, 멀티탭을 그대로 꽂아 놓고 나온 실수 정도는 애교다. 가장 압권은 2014년 오스트리아 할슈타트에서의 돈 가방 사건이다. 이 사건은 선진국의 질서가 무엇인가를 보여준 예다. 그리고 여행지에서의 분실사고 후 운이 좋았던 대표적인 케이스다. 할슈타트에 도착하여 동반자와 호수와 언덕 위의 집 등 이곳저곳 아름다운 곳들을 둘러보다가 저쪽에서 택시기사와 한국 여행자가 대화를 하고 있는 것을 보았다. 그런데 좀 이상하여 가까이 가보니 그 한국여행자들은 숙소로 가는 택시비가 협상이 잘 안 되는 모양이었다. 그들 숙소를 확인해 보니 우리 숙소와 그리 멀리 떨어져 있지 않은 같은 방향이었다. 그래서 그들을 우리 차로 픽업하였다. 픽업해준 다음 우리 둘은 숙소 근처 맑은 계곡물이 좔좔 흐르는 음식점에서 와인 한 병에 맛있는 갈비를 뜯었다. 잘 먹고 계산하려고 하는데 돈 가방이 안 보이는 것이다. 아뿔싸~! 정신을 차리고 곰곰이 생각한 끝에 가방을 어디에 놓고 온 것인지 생각해 냈다. 아까 할슈타트 택시 타는 곳의 호숫가 의자였다. 거기까지는 15km 조금 넘는 거리다. 걸어서 가보고 싶었지만 미국이나 유럽 등 서구에서 밤에 길가에 걸어 다니면 매우 위험하다. 어차피 지금 관광객이 없을 테니 술이 깰 5시간 정도 잠을 잔 다음 그

장소로 가보기로 하였다. 숨을 죽이며 가보니 가방은 호숫가 의자 위에 그대로 있었다. 가방 속의 돈도 그대로였다. '오~, 감사합니다.' 가방에는 200만원 상당의 돈뭉치가 들어 있었다. 우리가 선행을 하다가 이런 실수를 하였으니 하늘이 우리를 도운 것이다. 그리고 선진국 문화의식에 감탄하였다.

  해신사 주위에 용천수가 솟아나고 있는 곳이 많았다. 여름에는 이런 시원한 곳에서 더위를 식힐 수 있겠구나 하는 생각이 들었다.

  삼양해수욕장 정자를 지나 해안가에서 깜빡하고 18코스 중간스탬프를 못 찍었다. 친구 부친상 부고가 뜬 것이다. 매우 친한 친구라 '내가 대전으로 지금 조문을 가야 하는가.' 잠시 고민하다가 일단 조화부터 보내기 위하여 폰만 보다가 중간지점을 지나친 것이다. 오늘이 금요일이고 토, 일의 주말로 연결되어 비행기도 거의 없거나 값이 엄청 비싸다. 또한 청주에 도착해서도 대전에 어떻게 갈 것인가 생각하니 막막하다. 그리고 오늘 비장한 각오를 하고 대전을 떠나왔는데, 하면서 고민의 고민에 빠졌다. 한참 후 결국 포기하고 올레길을 완주한 다음 대전에 가서 부친상을 당한 '절친'을 위로하기로 마음 먹고 걷기를 이어갔다. 그 친구도 나의 이러한 마음을 헤아려줄 것이라고 생각하니 조금 마음이 놓였.

  시인 채바다가 이성환 영전에 바치는 시비가 있는 시비코지를 지나간다.

이성환 영전에 바친다 시비

이름 없는 풀밭 길과 농로가 굽이굽이 이어지는 옛길을 돌아 바닷가로 다가가니, 바위 끝에 파도에 덮일 듯한 시비가 외로이 서 있다. 그래서 이곳이 '시비코지'인가보다. '이성환 영전에 바친다.'는 채바다의 추모시가 검은 돌에 하얀 글씨로 빼곡하게 새겨져 있다.

바다를 좋아하던 이야
바다를 밤낮없이 새색시처럼 껴안고 살던 이야
바다를 꽃밭처럼 거닐더니
바다를 그림처럼 아끼더니
이제 바다를 실컷 말할 수 있게 되었구나…〈중략〉
그 바다들과 그 물결들과 이 세상 끝까지
고운 춤을 추며 가시렴.

닭모루

　바다를 무척 좋아하였던 이성환은 젊은 나이에 바다에서 요절을 한 것 같다. 현재 채바다는 국내 유일의 고대 해양탐험가로서 한국하멜기념사업회 회장직을 수행하고 있다. 가슴 뭉클한 사연이 있겠구나 하며 닭모루로 향했다.
　닭모루로 가던 도중 파도소리가 들리는 나무 쉼터가 눈에 들어와 가방에서 김밥 한 줄과 우유를 꺼냈다. 지난 올레 1에서는 닭모루 모양을 확인하지 못했다. 이번엔 확인하고자 노력하였다. 그런데 걸으면서는 쉽게 찾기 어려웠다. 신촌리에 따르면 전망대가 세워진 부분이 닭의 머리며 이 부분을 중심으로 양쪽 해안 언덕이 닭의 날갯죽지라고 한다.
　나는 하늘에서 촬영을 하지 못해 못내 아쉬웠다. 드론에 관심이 간다.

닭모루에 대해 잘 알지 못한다면 얼핏 전망대 좌측에 조그맣게 비쭉 올라온 바위가 닭의 머리와 닮았다고 생각할 수 있다. 이 독특한 모양의 용암석은 '버섯바위'라고 부른다. 측면에서 보면 닭의 길쭉한 목과 뾰족한 부리처럼 보여 이 버섯바위가 닭의 머리를 닮아 이곳이 닭모루 해안이 됐다고 생각하는 사람도 있는 듯하다.

길가의 소철나무 열매가 매우 신기하다.

소철나무는 주로 관상용으로 재배되는데 식용이나 약용으로도 쓰인다.

지난 3월 조천마을 입구에서 보았던 거대한 돌탑들도 여름의 태풍을 잘 견디고 그대로 그 위치에 우뚝 서 있었다.

잠시 멈춰 가족, 친구의 안녕을 기원하며 기도하였다.

소철나무

조천마을 돌탑

올레길 그림 글자

18코스 종점을 지나 19코스 중반까지 걷기로 하였다. 19코스 시작점 바로 길 건너에 '올레길'이란 멋진 그림 글자가 있어 반겨주고 있다.

함덕해수욕장까지 마무리한 다음 아까 지나친 삼양해수욕장 중간스탬프 지점까지 버스를 타고 이동하였다.

새로운 숙소에서 체크인 하고 소머리국밥집을 찾았다. 그런데 그 주위에는 마땅한 음식점이 없었다. 이렇게 피곤할 때 머피의 법칙을 생각하지 말아야 하는데 자꾸 생각난다. 어렵게 찾아간 소머리국밥집에서 사장님이 구수한 제주 방언으로 "육지에서 관광왔씀꽈?" 나는 "그렇다."고 답하니 코로나 무서워서 어떻게 왔냐고 한다. 백신 다 맞아 괜찮다고 해도 그래도 무섭단다. 일반적으로 자영업자 입장에서는 그러한 문제를 돌파하고 싶은 마음이 더 앞설 텐데, 이 사장님은 손님 입장에서 건강 걱정을 한다. 솔직한 것 같기도 하고 이해가 안 가기도 하였다. 소머리국밥 전문점인데 2,000원을 더 추가하여 도가니탕을 걸쭉하게 먹었다.

첫날 40,000여 발걸음을 옮겼다. 30km 정도의 강행군을 한 것이다.

어제 숙소는 사실 추자도 공략을 위해 여객터미널과 가까운 곳에 예약한 것인데, 추자도가 연기되어 더 머물 의미가 없어졌다. 날씨도 평일 기온보다 5도 정도 낮은 기온을 나타내고 있다. 따뜻한 숙소를 찾아야 한다. 초가을 환절기가 나를 힘들게 한다. 삼복더위의 여름에 태어난 나는 추위를 유독 많이 탄다. 어제 숙소는 저녁 내내 요란한 탱크 엔진소리가 방에 진동하였다. 소리에 민감한 나로서는 견디기 너무 힘들었다. 앱 평점은 9.6/10으로 매우 높은데, 왜 그랬을까?

　오늘 체크인 한 터미널 부근 숙소는 아직까지는 따뜻하다. 잠자리가 쾌적할 지는 내일 아침에 가봐야 한다. 내일은 지난번에 아내와 함께 들렀던 외도 숙소로 이동하여 남은 17코스를 역 주행하기로 한다.

2일차 11/13(토)

17코스(외도포구 ▸ 무수천트멍길 ▸ 광령1리사무소)
13코스(저지정보화예술마을 ▸ 저지오름 ▸ 퐁낭 ▸ 낙천의자공원
▸ 고사리숲길 ▸ 용수 포구)
28.29km … 37,621걸음

신천지

　어제 저녁 역시 깊은 잠을 못 이루었다. 자다 일어나 장갑을 끼고 잤다. 오늘 저녁 특별한 숙소인 이곳은 전기장판이 있어서 괜찮을지 모르겠다. 그렇지 않으면 내의를 입고 자야 한다. 내가 묵었던 숙소는 이상하게 난방이 시원찮다. 시설의 문제인가 내 건강의 문제인가. 숙소에 짐을 맡겨 놓고 17코스 잔여 올레길을 걷기 위해 나섰다. 역시 이곳에는 일손

을 돕는 분들이 친절하다. 오늘 이곳 숙소에서 많은 다짐을 하고 정신을 가다듬기로 마음먹는다.

17코스 시작점인 광령1리사무소로 향하는 17코스 역 올레길은 매우 완만하긴 하지만 그래도 오르막길이라 힘들다. 큰길에서 길을 잘못 들어 한참을 다른 길로 돌아서 제자리로 돌아왔다. 올레길에서 잔머리를 쓰면 큰 코 다치기 십상이다.

광령1리사무소 근처 광령식당의 두루치기가 아주 맛있다. 알고 보니 제주 올레에서 추천하는 맛집이었다.

버스를 타고 13코스 종점인 저지정보화예술마을로 향하였다. 차창 밖으로 관광 인파가 엄청 많은 곳이 보인다. 흰 방역복을 입은 방역요원들이 매우 분주히 차량 승객을 대상으로 발열 체크를 하며 안내한다. 어딘가 확인해 봤더니 새별오름 일대다. 오늘이 주말이라 그럴 수도 있겠지만 제주의 관광산업이 활성화되고 있는 것이 분명하다.

800번 관광 순환버스는 안내 가이드도 있다. 매우 친절하다. 안전벨트도 매라 한다. 유리공원, 항공공원, 오설록 차밭을 지날 때 친절한 정보를 제공한다.

올레길을 걷는 유형은 다양하다. 내비게이션을 켜 놓고 목적지(스탬프 찍는 지점) 방향으로 그냥 걷는 사람이 있다. 그러면 올레길을 아닌 최단코스로 안내한다. 그리고 올레 리본, 화살표, 간세 등을 전혀 안 본다. 로봇처럼 폰의 지시대로 움직인다. 이런 걷는 유형은 올레길 프로그램 목적에 부합하지 않는다.

　도로변을 걸을 때는 좌측통행이 더 안전하다. 앞에서 오는 차를 볼 수 있기 때문에 빠르게 대처할 수 있다. 올레길은 인도가 없는 도로가 많으므로 조심해야 한다.

　오른쪽 발가락이 어제부터 아파 와서 테이핑 하였는데, 오늘은 왼쪽 발가락이 아파온다. 코반 테이프는 3M사 제품이 좋다.

　오늘 둘째 날이다. 올레 1 때보다, 그리고 올레 2를 위해 비행기 타기 전보다 그리 설레지는 않다. 게다가 벌써부터 발가락이 아파 오니 조금 걱정이 된다. 새로 준비한 신발이 바닥은 튼튼해도 앞부분이 부드럽지 못하고 폭이 좁다. 이것이 나의 실수였고 올레 2 여정의 끝까지 나를 괴롭혔다. 사실 올레 1 초반 때는 언제라도 복귀할 생각이었으므로 마음이 편했지만 지금 올레 2는 완주를 목표로 하고 왔기 때문에 마음가짐이 다르다.

　13코스 종점은 13코스를 포함하여 14코스, 14-1코스 등 3개 코스가 연결되어 있다. 그만큼 명소다. 저지오름이 그 명소의 중심에 있다. 주말이라 그런지 많은 제주도민들이 저지오름을 오르기 위해 버스에 몸을 싣고 있었다.

　나는 이번에는 역 올레를 많이 하고자 한다. 지난 올레 1 때는 파랑색 화살표의 '순' 올레가 대부분이었다. 그러나 이번에는 주황의 역 올레를 통해 그때 살펴보지 못했던 제주의 모습을 다양한 각도에서 관찰하고자 한다.

저지오름의 길은 다시 걸어도 아름다운 길이다. 대회에서 상을 받을만한 가치가 충분한 길이다. 저지오름을 지나 낙천 의자마을까지 가는 길에 키위 재배단지가 눈에 띈다.

키위나무 줄기가 이렇게 크고 굵게 자라는지 몰랐다. 고향 시골에도 키위나무 몇 그루가 식재되어 있는데, 재작년에 심었기 때문에 아직 애기나무다. 그런데 작년에 건강한 나무에서 열매를 맺었다. 그동안 사서 먹었던 키위보다 훨씬 새콤달콤하고 맛있었다.

키위 나무

낙천의자공원

고목 팽나무가 있는 퐁낭을 지나자 낙천의자공원이 눈에 들어온다.

낙천마을은 지난번에는 쓸쓸하였으나 이번에는 북적북적하다. 물론 오늘이 주말이라서 그럴 수도 있겠지만 인파가 많아진 것은 사실이다.

고사리숲 길가에 떨어진 꾸지뽕나무 열매를 발견하였다. 주변을 살펴보니 몇 십 년 수령의 꾸지뽕나무가 군락을 이루고 있었다. 그러고 보니 곶자왈 같은 숲길에는 꾸지뽕나무가 많은 것 같다. 100대 명산 광주 무등산에도 꾸지뽕나무가 많았다. 그곳 무등산 꾸지뽕나무는 엄청 컸다. 나는 당뇨에 좋다는 꾸지뽕나무에 관심이 많아 얼마 전부터 뿌리를 달여서 복용하고 있다.

꾸지뽕나무 열매

길 밖에 떨어진 상태가 괜찮은 꾸지뽕나무 열매 몇 개를 먹어 보았다.

특별한 맛은 없었지만 옛날 시골에서 꾸지뽕나무 열매를 따 먹었던 추억이 떠올랐다.

고사리숲길을 살펴보니 좌우에 정말로 고사리 잎이 군락을 이뤄 우거져 있었다.

뿌리 게스트하우스 담의 나무의자에 이런 글귀가 적혀 있다.

네가 오후 4시에 온다면
나는 3시부터 행복해지기 시작할 거야.
그래서 행복이 얼마나 값진 것인가 알게 될 거야.

김대건 신부 표착기념관

13코스 시작점 부근인 용수리에 다다르니 김대건 신부 표착기념관이 눈에 들어온다.

올레 1 때는 그냥 지나쳤는데, 이번에는 자세히 관찰하였다. 기념관 앞에는 김대건 신부가 타고 온 배인 라파엘 호를 복원하여 전시하고 있다. 표착기념관은 김대건 신부가 19세기 중반 중국 상해 김가항 성당에서 사제 서품을 받은 후 늦여름 라파엘 호를 타고 귀국하던 중 풍랑을 만나 약 한 달 간 표류하다 용수리 해안에 도착하였다는 것이다. 김대건 신부는 제주에 상륙해 한국 신부로서 첫 번째 미사와 성체성사를 행했다고 한다. 이를 기리기 위해 만든 기념관이 바로 이곳의 김대건 신부 표착기념관이다. 기념관은 1층에 김대건 신부 유해공경실이 있고, 2층에는 김대건 신부관, 제주 교회관, 제주 교구 선종사제관 등이 있다.

  13코스 종점에서 버스로 숙소 외도까지 한 시간이 넘게 걸렸다. 제주도가 생각보다 엄청 넓은 것이다. 숙소에 늦게 도착하여 간단히 인사하고 2층 방을 소개받고 바로 식사하러 갔다. 근처 외도식당 정식이 아주 맛있었다. 여기는 완전히 현지인 식당이다. 식당손님들의 구수한 방언이 무슨 대화를 하고 있는지 아무리 귀를 쫑긋해도 도대체 알아듣지 못하겠다.

  권 사장에게 내일 용우 친구의 자혼 축의금을 송금했다. 권 사장은 '제주살이'를 잘하고 오라고 응원한다. 그 친구는 내 마음을 깊이 알기 때문에 동병상련하고 있는 친구다. 아무리 히말라야를 갔다 왔다고 소리쳐도 무관심한 친구는 친한 친구일지언정 관심이 있는 척하지 다른 재미난 얘깃거리를 원한다는 것을 이번에 느꼈다. 올레 1을 마치고 완주 소식을 전하였을 때 반은 진심으로 축하, 반은 무성의한 축하였다. 거기에 100대 명산 후 여기저기 완주 소식을 전해도 올레 1 때와 별반 차이가 없었다. 그런데 권 사장은 다르다. 그 친구는 최근 자전거 국토종주 그랜드슬램을 달성하였다. 그는 나와 종목은 달라도 같은 여행을 주제로 한 챌린지 프로그램에 참여한 사람으로서 나와 공감하며 비교하고 이해하고 용기를 주며 대화한다. 그는 평소에도 나를 위해주고 인정해주는 표현을 많이 한다. 단순히 부탁이나 본인의 잇속을 챙기려 하는 친구와는 차원이 다르다. 친구는 이래야 한다. 특히 무엇보다도 비슷한 취미와 관심사가 있어야 한다. 쉽지는 않지만 서로 관심을 가져주려고 노력해야 한다. 아무리 가까운 가족이나 친지라도 나의 이러한 도전 프로그램 참여에 무관심할 수 있다. 그들은 나의 이 행동에 큰 의미를 부여하지 않는다.

나도 군대 동기 아들 결혼식에 참여하고 싶었지만 제주 올레 2 계획을 계속 미루다 보니 막다른 골목에 이르러 아쉽게도 참석하지 못하였다. 용우 아들은 서울대 의대를 나온 수재다.

100대 명산을 마치고 1주일이 되니 설악산에 눈이 왔다고 한다. 눈이 오거나 빙판으로 도로나 등산로가 미끄러우면 차량이나 사람 모두 가장 위험한 지경에 처할 수 있다. 그래서 100대 명산을 무리하여 일찍 마무리한 것이다. 올레 2도 더 춥기 전에 걸어야 한다는 생각과 '놀멍 쉬멍 걸으멍'이 교차한다.

어제는 낮 평균이 10도였지만 체감온도는 5도 이하여서 추웠다. 게다가 비도 오락가락 내려 귀까지 시렸다. 오늘 기온은 15도인데 체감온도는 더 높아 18도 정도였다. 걸을 때는 반팔도 가능할 정도였다. 오르막 구간에서는 땀이 차올랐다.

내일 예보는 16도이고 체감온도는 18도이다. 따라서 오늘과 비슷할 것 같다.

바닷가를 가볍게 산책하고 숙소로 돌아왔다. 창밖 바닷가를 바라보며 삶을 되돌아보았다. 몸과 마음을 정갈하게 씻고 잠을 청하였다. 여기가 신천지다.

3일차 11/14(일)

16코스(항파두리 코스모스정자 ▶ 항몽유적지 ▶ 희망의 다리 ▶ 수산저수지
▶ 수산봉 ▶ 구엄마을 ▶ 중엄매물 ▶ 남두연대 ▶ 신엄포구 ▶ 다락쉼터
▶ 고내포구)
15코스(고내포구 ▶ 애월카페거리 ▶ 한담해안산책로 ▶ 수원농로 ▶ 대수포구
▶ 한림항)
32.53km ⋯ 43,010걸음

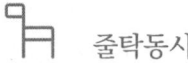 줄탁동시

외도항 앞 바다의 아침 소리가 나를 반겨준다. 처마 밑 종기에 담겨진 쌀 부스러기를 참새가 마구 쪼아대고 있다. 싱그럽고 상쾌하기 이를 데 없는 아침 풍경이다. 바닷물의 높이가 적당한 것 같아 의미 있는 사진 촬영을 하였다.

항몽 유적지에서 중간스탬프를 찍고 내려오는 길옆의 귤밭에 귤이 주렁주렁 매달려 있다. 그런데 떨어져 있는 귤도 많

다. 떨어진 귤이나 버려진 귤을 볼 때, 귤을 사먹는 입장에서 아깝기 그지없다. 지나가는 올레꾼 2명의 손에 귤이 쥐어져 있고 마스크를 벗은 입에는 그렁그렁 귤을 씹고 있다. 바닥에 떨어진 귤을 주웠나?

주택가 담장의 하트모양으로 조경한 동백나무가 멋지다. 여기서 부부가 사진 찍으면 잘 나올 것 같다.

하트 나무

구엄마을 방향으로 내려오는 길 왼쪽에 이런 글귀가 적혀 있다.

팔자 탓, 재수 탓하면서 그런다면 누가 동정이나 해줄 것 같아?

그렇게 알아서 포기해 주는 사람은 세상도 아무 관심 없어.

왼쪽 새끼발가락이 아파온다. 좀비깔창을 빼 보았다. 그래도 아프다. 아프지만 좀비깔창을 빼고 걷기로 한다. 좀비깔창을 넣으면 가뜩이나 볼이 좁은 신발 앞부분에 여유 공간이 없어져 발가락이 더 아픈 것으로 진단하였다. 좀비깔창을 넣는 신발은 10mm정도 넉넉한 공간이 있어야 한다는 것을 알았다. 볼이 좁은 신발을 가져온 게 잘못이었다.
　구엄어촌 체험마을 입구의 해안도로 주차장 뒤편 공용 화장실에 가보니, 아니 이럴 수가. 쓰레기통이 난장판이다. 문도 안 잠가지고, 물도 안 나온다. 이곳은 올레지기들의 요충지일 뿐만 아니라 소문난 해안도로 드라이브코스다. 시급한 개선이 요망된다.
　아침을 건너뛰었더니 배가 고프다. 근처 식당이 눈에 들어온다. 잠시 고민하다 편의점에서 김밥, 샌드위치, 2+1 서울우유를 구입하였다. 16코스 해안도로 바닷가에서 환상적인 '아점'을 하였다.
　순간의 선택이 옳았다. 찰싹찰싹 파도소리가 아름다운 음악소리로 화하고 있는 거대한 바위 턱에 걸터앉아 샌드위치를 먹는 나의 입맛은 하늘을 찌른다. 잠시 신발도 벗어본다. 모든 게 시원하다. 북서풍의 차가운 바닷바람은 1000필파워 구스다운이 철벽 방어한다. 이대로 시간을 멈출 수는 없을까. 앞으로 개발해야 할 인생 상품이다.
　제주도 문주란은 지난봄에는 마른 줄기와 잎만 앙상하게 남아 볼품이 없었는데 지금은 아직 제법 잎이 무성하다.

문주란

문주란 꽃이 만개할 때 천연기념물 문주란 자생지인 토끼섬에 가보고 싶다.

오늘 체감온도가 17도인데 여름바지를 입은 것은 잘한 선택이었다. 인생은 순간 선택의 연속이다. 정치인이든 일반인이든 선택과 집중을 어떻게 하느냐에 따라 그 사람의 능력과 수준을 결정한다. 걷는 데는 첫째 신발이 편해야 하고 그 다음 바지가 편해야 한다.

16코스 해안도로는 자전거 국토종주 제주환상 자전거 길과 겹친다. 다락쉼터 2.6km 지점에서 친구가 9월에 주행하였을

빈 의자

것을 생각하면서 걷는다.

쾌청한 서해바다 앞이 보이는 해안에 연녹색, 분홍색의 앙증맞은 나무의자 하나가 나를 반긴다.

지난 3월 올레 1 때에는 젊은 여행자들이 이 자리를 차지하고 있었다.

우연히 클로버 군락지를 발견하였다. 이번에도 몇 초 내에 네잎클로버 2개를 찾아냈다.

오늘 행운이 깃들 것이다. 클로버 찾는 것도 골프 퍼팅할 때와 같이 '마음의 게임'이다. 분명 있다고, 반드시 있다고 긍

정적으로 생각하면 어김없이 내 눈에 나타난다. 매사 그런 마음가짐으로 임해야 할 것이다. 그런데 여태까지 나는 그 반대의 마음가짐이었던 것 같다. 내가 나를 페시미스트라고 항상 생각해왔던 것이다.

이 네잎클로버의 행운을 주위 친구들한테 나눠 보냈다. 가족에게는 오늘 아침에 많은 행운을 빌었다. 그들도 행운을 받을 권리가 있다. 내 친구이고, 지인이고, 나를 아껴주는 고마운 사람들이니까. 한 친구는 금세 이렇게 답변을 한다.

같이 행운을 기대합니다.

참으로 배려심이 많은 친구다. 나는 그래서 이렇게 답변을 달았다.

줄탁동시가 생각나네. 역시 위대한 친구 인정합니다.

지난 올레 1 때도 '절친'에게 네잎클로버를 보냈다. 그 친구는 로또를 샀다고 했다. 며칠 후 답이 왔다.

꽝~~, 꽝~~

내가 말했다. 다음에는 1등 당첨되게 해주겠다고.

또 한 번은 나의 네잎클로버 덕분에 그 '절친'이 그날 아침에 두 가지 일이 잘 풀

네잎클로버

렸다고 하였다. 다행스러웠다.

사실 이 친구와 닮은꼴은 한두 가지가 아니다. 이런 닮은꼴은 주위에서 찾아보기 어려울 것이다.

1. 같은 연도에 같은 학과 입학
2. 같은 지역 고교출신
3. 시골에서 광역시로, 광역시에서 특별시로 유학
4. 같은 지역으로의 귀환
5. 같은 운동 특기
6. ROTC 동기
7. 같은 혈액형
8. 외배엽(마른 체형)
9. 비슷한 성격
10. 소리의 어려움
11. 골프에 빠짐(나는 골프에서 빠져나옴)
12. 비슷한 세계관
13. 비슷한 생일
14. 비슷한 탄생 시간대
15. 이젠 고아

올레는 100대 명산 도전에서 작동시켰던 트랭글 앱을 쓸 필요 없어서 좋다. 사실 100대 명산은 트랭글이 나의 걸음 속도를 부추기기도 했다. 그래서 너무나 숨 가빴던 게 사실이다.

다락쉼터의 여행자들

젊었을 적의 100미터 달리기나 장거리 달리기의 초읽기였던 것이다. 이번 올레 2는 놀멍 쉬멍 걸으멍이다. 그러니 더 많이 보이고 더 많이 느껴진다.

연인이나 친구들이 자동차 드라이브를 하거나 걷다보면 자석처럼 빨려들게 만든다는 다락쉼터 부근에서 친구들끼리 사진 찍고 슬기는 모습이 정겹다.

해안 올레길

왼쪽의 자동차 길과 오른쪽 해안절벽 사이로 좁게 이어져 있는 오솔길은 15코스의 숨은 보석이다.

15코스 애월카페거리가 가장 핫한 곳인가 보다.

친구한테 답글 하나가 왔다. 이 아름다운 제주 풍경을 실시간으로 전달받는 본인이 가장 행복하다고 한다. 또 한 친구는 네잎클로버를 보내준 나한테 '신의 눈'이라고 한다. 이 친구가 로또를 샀다고 한 친구다. 말은 그렇게 했지만 이젠 안 믿는 눈치다. 그리고 덧붙여, 뭍에 언제 오느냐고 묻는다. 그래서 다음과 같이 답하였다.

애월카페거리

엊그제 올레를 시작했는데 나를 기다리는 뭍님이 계시니, 기쁘기는 하지만, 내가 뭍에 나가는 날짜를 계산하는 건 수학문제 푸는 것처럼 어렵구료.

기다리는 사람이 있다는 것은 희망이 있다는 것이다.

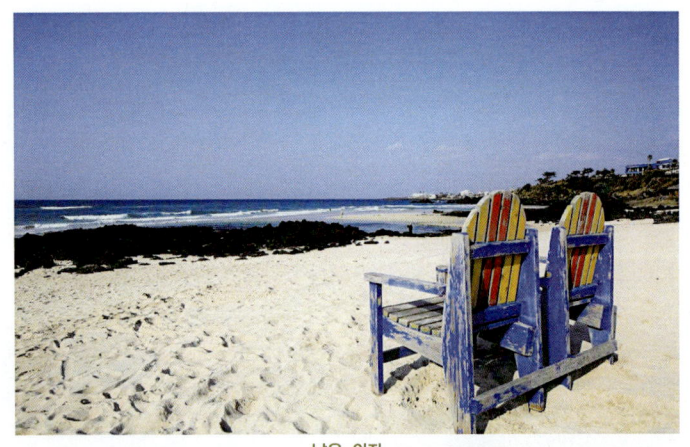

낡은 의자

서핑을 즐기고 있는 피 끓는 젊은이들이 한없이 부럽다. 바닷물이 매우 차가울 텐데 대단한 마니아들이다. 모래사장에는 낡은 페인트 의자가 그 마니아들을 감시하며 지켜보고 있었다.

한림항으로 가는 길옆의 양배추가 좋다.

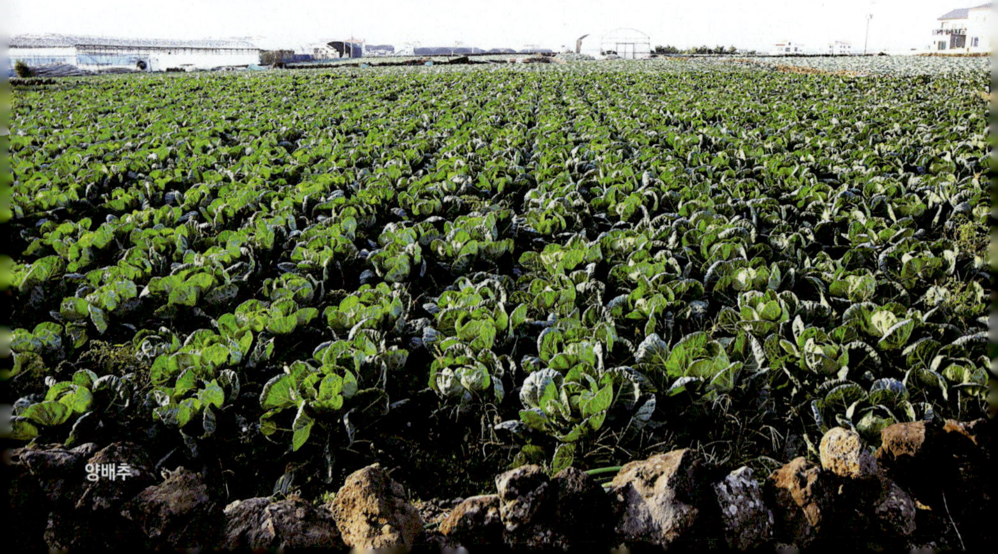

양배추

이 건강한 양배추가 우리 집 식탁으로 올라오는데 얼마나 정성이 많이 가고 유통과정은 얼마나 복잡할까. 돌아가신 우리 어머니의 굽은 허리가 떠올라 눈시울이 적셔진다.
　걷다 보면 시간 계산이 필요할 때가 있다. 거리 이정표를 곳곳에 설치하면 남은 시간을 계산하기가 더욱 좋을 것 같다. 그 설치가 어려운 것은 올레길 루트가 자주 바뀌기 때문일까. 어떠한 사정이 있다고 하더라도 적절한 곳에 설치하는 것이 여러모로 좋겠다.
　수원리 마을의 깊고 좁은 길이 고풍스럽고 아름답다.

수원리 마을 길

15코스 종점인 한림항에서 제주여객선터미널 부근 호텔로 이동하여 체크인하고 저녁 식사하러 나섰다. 마땅한 음식점이 지도상에도 안 보이고 걸어 다녀도 안 보이다가 갑자기 당기는 메뉴가 있는 음식점이 눈에 들어왔다. '유레카'라고 소리치며 들어갔다. 그런데 값이 무척 비싸다. 그렇지만 여기서 물러설 순 없다. 좀 비싼 도가니탕을 시켰다. 그러나 맛과 양이 부족하였다. 내가 들어갔을 때는 손님이 한 명도 없었다. 사장님이 나에게 어디서 왔느냐고 묻는다. 정숙한 여사장님은 서산출신이라고 한다.

　존경하는 서울 지인 형님께서 12월 둘째 주에 식사를 하자고 한다. 나도 반갑게 가고 싶다. 그런데 요즘 방역 작업을 뛰고 계신다. 최근에 몇십 년간 다녔던 정든 직장에서 예비퇴임하셨다. 힘드실 텐데, 그 귀한 돈을 나한테 써서는 안 된다. 이런 훌륭한 분은 앞으로 내가 계속 모실 것이다.

　올레길 26코스 중 가장 신경 쓰이는 코스는 뭐니 뭐니 해도 배편 일정잡기가 어려운 추자도 18-1코스다. 그리고 11, 12, 13, 14, 14-1코스의 서부 중산간을 파고드는 일정이다. 보통, 섬을 제외하고 올레길은 하나의 끈으로 연결되어 있는데 이 코스들은 그렇지 않다. 단순하지 않다. 그래서 더욱 신경 쓰인다. 거기를 깊숙이 찔러야 올레길 해법이 나온다.

　학창시절 친했던 친구한테 톡하였다. 오늘의 멋진 사진과 함께. 그러나 답이 없다. 심신이 바쁜 모양이다. 물론 엊그제 동창 부친상 건으로 폰 라인이 지금도 핫한 상태다. 용기가 과용이고 남용이고, 비 최선이라 생각되면 이 나이에 곤란한 마음가짐이다. 조심이 최고이고, 신독이 최고다. 올레 1 때 성산일출봉 민박집 거실에 적혀있는 친구관리에 대한 조언이 생각난다. 또 하나의 동일 선상에 놓여있는 친구에게 문자를 보내볼까. 아니다. 보내지 말자. 지금 이대로가 아름답다.

　이게 곧 60을 바라보는 인생의 네트워크다. 일반화시키기에는 너무 왜곡되어 있겠지만 최소한 나의 반경으로 바라보건대, 함부로 '선촉'하면 후불쾌감이 '극강'된다.

4일차 11/15(월)

18-1코스(상추자항 ▶ 봉글레산 ▶ 묵리슈퍼 ▶ 신양항 ▶ 예초리 ▶ 돈대산
▶ 온달산길 ▶ 상추자항)
22.91km … 32,111걸음

김밥천국

싱그럽지만 비장한 아침이다. 오늘은 올레에서 가장 신경 쓰이는 코스인 추자도 올레 일정이다. 배편은 어제 예약하였다. 앗, 그런데 여객선터미널에 지난 3월에 있었던 약국이 없어졌다. 옆의 편의점에 멀미약이 있는지 문의했더니 없다고 한다. 그러면서 편의점 사장님은 오늘 배 멀미는 안 한다고 자신한다. 오늘 파고 1m인데 거기에서 배 멀미 하면 운동 좀 해야 한다고 소리 높인다. 이 반가운 말씀을 믿어야 하나.

추자행 배

나는 3월에 '개'고생하였다. 여자 몇 명과 화장실 앞에서 배를 움켜잡고 고통스런 사투를 한 시간 동안이나 하였으니 지금도 그 생각을 하면 속이 울렁거린다. 오늘은 괜찮을까. 지금 속 상태는 50점 정도다. 아침도 편의점에서 김밥이 없어 햄버거로 대신했고 긴장한 탓인지 속이 더부룩하다.

9시 30분에 역사적인 뱃고동이 울려 퍼졌다.

어제 예매할 때도 그랬고 오늘 표를 구입할 때도 재차 '1층 앞 중간 좌석을 부탁한다.'고 요청하였다. 1시간여 동안 잘 갈 수 있을까.

그동안 내가 공부한 배 멀미 예방법은 다음과 같다.

- 1층(낮은 곳, 앉을 수 있으면 앉고 눕는 게 최고, 배의 중심, 가운데 쪽 위치)
- 공복을 피하라.
- 멀리 보라.
- 폰을 보거나 책을 읽는 등 눈과 뇌를 피곤하게 하지 마라.
- 불필요한 소음을 차단하라.
- 담배 냄새, 하수구 악취 등 역겨운 냄새를 피하라.
- 좋은 생각을 하라.
- 눈을 감고 좋았던 추억을 떠올려라.
- 허리띠를 느슨하게 풀어라.
- 심호흡을 자주 하여 복부의 더부룩함을 제거하라.
- 복부에 손을 올려놓거나 따뜻하게 하라.

이런 메모를 명심하며 배를 탔는데, 바다 상태, 즉 파도의 높이가 배 멀미에 가장 영향을 미치는 듯하였다. 오늘 편의점 사장님 말씀대로 멀미를 하지 않았다. 배는 1시간 10분 운항 끝에 상추자항에 닻을 내렸다. 대합실을 빠져나와 신발 깔창을 사러 상추자항 주변 슈퍼에 들렀다. 좀비깔창 대신 일반 깔창을 깔아보기 위해서였다. 그런데 주인아주머니가 너무나 야박하다. 가위 좀 빌릴 수 있는가 했더니 어처구니가 없다는 얼굴로 나를 쳐다본다. 270mm 깔창이 있느냐고 하였더니 없다고 290mm를 보여주었는데, 그러면 20mm 잘라 써야 하지 않는가. 외지인이 올레길이 있는 섬에서 깔창을 사는 것은 사서 바로 착용하기 위함이라는 것은 삼척동자도 알 수 있는 쉬운 문제인데 안타깝다. 사장님이 서비스 정신이 부족하거나 아니면 섬이라 마음의 여유가 없었던 이유일 수도 있겠다.

  우여곡절 끝에 깔창을 덧깔은 나는 바다가 내려다보이는 전망 좋은 곳에서 점심을 먹는 것이 더 맛이 있을 것 같아, 김밥 한 줄을 사러 가게에 들렀다. 사장님은 김밥을 마파람에 게 눈 감추듯 대충 만들어 준다. 계산하면서 다른 손님 받으며 시선은 거기에 쏠려 있다. 손님 대응 서비스 정신과는 거리를 두는 모습에 두 번째 놀란다. 고객 응대 서비스란 무엇인가. 나는 자영업이나 서비스업을 택하였다면 지금 벌써 실직자가 되었을 것이다. 고객을 직접적으로 대하는 부분에 취약하다. 운동 또한 농구나 권투, 씨름 등 피부에 직접적으로 부딪히는 종목은 멀리하였다. 내가 그만큼 사람을 이용할 줄 모른다는 이야기다.

추자초등학교

추자초등학교는 지금 한창 공사 중이다.

추자도는 초등학교와 중학교가 있다. 그런데 초등학교는 상추자도에 있고 중학교는 하추자도에 있다. 이런 섬에서도 지역균형발전과 인구분산정책을 펼친 것인가. 그렇다면 이곳 면장님은 정말 대단한 행정가다.

여유를 가지고 봉글레산으로 향하여 걷고 오른다. 다음에는 올레 코스로 연결되어 있지는 않지만 봉글레 산 옆에 위치해 있는 일명 '나바론 언덕길'을 꼭 걸어봐야겠다. 바람케길 쉼터에서 바라보는 바다는 3월과 같이 여전히 고요하기 짝이 없다.

가을의 풀 내음, 자연의 숲 내음, 바다 향기도 받아들이기 좋다. 이게 천국인가. 반짝이는 바다 빛은 폭죽을 터뜨리는 여의도 한강의 밤하늘 같다. 한적한 바닷가 쪽으로 내려가서 김밥을 먹었다. 식당보다 백배 낫다.

바람케길 쉼터

올레 1을 마친 여유로움이다. 1차 때 추자도는 산을 뛰다시피 걸었다. 김밥도 황경한 묘지 옆에서 허겁지겁 먹어치워야 했다.

이번에는 추자도에서 김밥을 먹지 말고 식사를 꼭 식당에서 하자고 다짐했건만 결국 실천에 옮기지 못하였다. 그런데 이런 것을 실천하지 못하는 것은 괜찮다.

지인에게 김밥과 바다 배경 사진을 올려 여기가 어딘지 물었더니 '김밥천국'이라고 한다. 창의력 있는 머리 좋은 친구다. 또 다른 지인한테는 이렇게 답이 왔다.

눈에 보이는 곳이 천국이고
눈에 담아 간직되면 추억이요.
그곳에 있으면 모든 이와 동격인 신선이요.
좋은 곳 많이 다니시고
훗날 설명 잘 부탁하오.

이런 멋진 글이 또 어디 있겠는가. 그래서 내가 당신이 황진이를 이겼다고 하였다. 황진이가 벽계수를 유혹하는 글을 추월하였다고 치켜세웠다. 멋진 장면을 공유하고 싶어 지인들한테 보내면 정성스럽게 답하는 지인들에게 한없는 감사함을 느낀다. 그들도 일과 중이라 많이 바쁠 텐데 마음과 시간을 나한테 할애한다는 것에 그저 고마울 따름이다.

천국김밥

묵리슈퍼

　오늘도 어김없이 중간지점 스탬프를 찍는 묵리슈퍼에는 같은 배를 탔던 올레꾼들이 어떻게, 어디서 귀신같이 나타났는지 북적인다.
　이 코스에서 올레길을 제대로 걷는가의 문제에 있어서 극명하게 갈린다. 중간 스탬프지점인 묵리슈퍼에서 거의 대부분 추자항으로 되돌아간다. 이들은 18-1 추자 올레코스를 반 정도 걷는 것이다. 또한 이 반도 그냥 대로변으로 걷는다. 스탬프 찍기를 위한 걷기다. 올레길 프로그램 취지에 반하는 아쉬움이 남는 현상이다. 이런 부류는 올레 완주 인증서가 아니라 '아쉬운 제주 올레 인증서'를 별도로 제작해서 부여해야 한다.

소급 적용한다면 지금까지 9,500여 명의 완주자 중 몇 명이 제대로 된 완주 인증서를 받을 수 있을까. 1,000명 정도나 받을 수 있을까.

묵리슈퍼에서 발걸음을 옮긴 나는 한적한 신양항을 거쳐 황경한의 묘에 다다랐다. 여기서 정난주와 황경한에 관한 유래로 여행을 잠시 떠나본다. 정약용의 조카 정난주가 제주로 귀양살이 떠나는 도중 아기를 놓아둔 곳이 이곳 추자도 예초리의 눈물의 십자가다. 예초리 눈물의 십자가 앞을 지나가던 마을 주민이 아기의 울음소리를 듣고 아기를 갖다 키웠다고 한다. 그 이후 황경한은 가정을 이루어 두 아들을 낳고 잘 살았으며 지금도 그 후손들이 추자도에 살고 있다고 한다. 정약용의 조카 정난주가 눈물을 흘리며 아기를 두고 간 곳이라 하여 '눈물의 십자가'라 불리게 되었다.

해가 뉘엿뉘엿하여 발걸음이 빨라진다. 추자의 좁은 산길 올레는 제주 본섬의 길과는 다른 그 어떤 묘한 매력을 가지고 있다.

하추자도의 황경한 묘를 지나 신대산 전망대에 오르니 가슴이 뻥 뚫렸다. 이윽고 예초리 기정길, 예초포구, 엄바위장승을 지나 돈대산을 올랐다. 돈대산 정상에서 펼쳐지는 양떼구름과 잔잔한 파도는 평온하지만 한순간도 평범한 장면이 없는 망망대해의 가을 풍경이다.

주위의 아름다운 풍광에 빠져 걷다 보니 어느새 추자항으

코발트빛 상추자항

로 내려서는 길 위에 다다랐다. 아직 추자도를 다 둘러보지 못한 것 같은 아쉬움이 아프고 무거운 걸음에 묻어난다.

코발트 바닷물에 빛나는 추자항은 시리도록 아름답다.

3시 30분에 제주항으로 가는 배편 예매를 하고 굴비정식 식사를 하였다. △△식당은 굴비정식(1만2천원) 1인분은 안 된다고 한다. 요즘 같은 거리두기 시대에 이런 도서지역에는 아직 그 영향이 미치지 않고 있었다. 상추자항에서 조금 떨어진 포차 식당에서 굴비정식을 시켰다. 주문하고 기다리고 있는데 한 무리가 들어온다. 추자 현지인을 찾아 방문한 팀이었다. 배 시간이 한 시간 이내로 남았는데 막걸리와 안주를 시킨다. 현지인으로 보이는 중년이 "추자도에 놀러 왔는데 왜 계산을 했느냐."며 소리친다. 어디서든 현지인을 보는 것은 설렌다.

지난 9월 말 100대 명산 88번째 산을 오르고 부산의 후배를 찾아간 것도 기억에 새롭다. 앞으로 여건이 좋아지면 찾아가야 할 곳이 많다. 중국 청두 큰형님을 꼭 찾아뵈어야 한다. 또한 필리핀의 선배를 찾아가거나 태국 후아힌, 미국 LA의 후배들을 찾아가야 한다. 단, 찾아갈 때 현지인에게 신세를 져서는 안 된다는 것이 나의 인간관계 철학이다.

제주항행 배가 상추자항에서 4시 24분에 출항하였다. 4시 30분 출발 배인데 6분 빨리 출발한 것이다. 출발 시간에 딱 맞춰 오는 승객 있으면 어떡하나 걱정이 된다. 아까 굴비식당에 있었던 여행자들은 배에 잘 탔는지 모르겠다.

떠나는 배 안에서 아무도 모르게 추자도 올레의 기억들을 폰에 담아낸다. 아름다움으로 새겨진 순간들이 주마등처럼 머리를 스치며, 뱃고동의 소음이 프로펠러 바다 속 아래로 가라앉는다. 이 18-1코스는 시나브로 빠져드는 흡입력이 있다. 바람결대로 펄럭이는 리본처럼 올레길에 몰입하게 된다.

살다 보면 그토록 다정했던 사람도 멀어져가는 법이다. 그저 그러려니 하고 살자. '이제 친구의 마음을 되돌리러 가야겠다.'며 알 수 없는 미소를 짓는다. 추자도 올레길처럼 아름다운 경치를 보면서 혼자 걷다보면 친구관계에서 겪는 그 어떤 힘든 과정도 길 속에 녹아내린다. 나는 26개 올레길을 다 돌고 친구에게 돌아가야지.

여기에도 BAC 섬·산 인증장소가 돈대산 정상에도 있다는 것을 알았다. 나도 섬·산 인증프로그램에 도전장을 내밀어 볼까.

'내가 걷는 것이 아니라, 길이 나를 데리고 간다.' 나는 평소 이런 얘기를 많이 했었다. 어떤 자동차(지금 내 차)는 나를 데리고(싣고) 가는 것처럼 쾌적하지만 어떤 차(옛날 차)는 내가 끌고 가는 것 같이 힘겹다는 것을. 적절한 비유인가. 편안한 길을 의미한다고 할 때 비슷한 비유인 것 같다.

가는 배편에도 파도가 잔잔하여 큰 멀미나 울렁거림은 없었다. 어젯밤에 방이 따뜻하여 연박하는 숙소로 간다.

다음 아내와 함께 하는 올레 3 때는 신등대 민박수산 회센터에서 굴비정식·삼치정식과 우럭조림, 돌돔회를 먹어보거나 유가네 한우소머리곰탕집에서 곰탕·설렁탕·육개장을 먹어보기로 한다. 그리고 1박을 하면서 여유롭게 보내다 와야겠다는 다짐을 한다.

면도하는데 코밑에 빨간 물집이 올라왔다. 직감적으로 피곤함으로 인한 바이러스에 감염되었다는 것을 알아차렸다. 저녁에 동문시장 근처 약국에 들렀다. 약사님이 구순포진 치료 연고(아시클로버+히드로코르티손)인 마스터치를 권한다.

이 연고가 가장 잘 듣는다고 한다. 즉석에서 바르니 시원하다. 오늘 저녁과 내일 몇 차례 더 발라야겠다. 무엇보다도 피곤하지 않아야 하는데 몸을 끊임없이 괴롭혀야 하니 걱정이다.

5일차 11/16(화)

19코스(함덕해수역장 ▶ 동북리마을운동장 ▶ 김녕서포구)
20코스(김녕서포구 ▶ 성세기태역길 ▶ 행원포구 광해군기착비 ▶ 제주해녀박물관)
35.77km … 46,528걸음

말을 걸어온 올레꾼

아침 식사 후 어제 예약한 성산포 고성리 △△스 호텔로 짐을 옮겨야 한다.

일명 줄서서 먹는 집으로 소문난 산지해장국집은 6시에 가보니 아직 문을 안 열었다. 먼저 온 젊은 친구 한 명이 대기하고 있었다. 6시 20분에 비로소 오픈하였다. 명물 △△탕을 시켜 먹었다. 이른 아침이라 맛은 잘 모르겠으나 이런 데서는 '통과의례'라고 생각하고 한 번 쯤은 먹어봐야 한다.

걷는 동안 왼쪽 발 복사뼈 부근과 신발 윗부분이 마찰이 일어나 살갗이 헤질 정도다. 닿는 문제를 해결해야 한다. 고성리 약국에서 압박붕대를 사서 감으니 한결 좋다.

19코스 중반 지점부터 출발한 지 얼마 안 되었는데 빠른 걸음의 초보 올레꾼이 길을 물어온다. 어제 제주공항에 도착하여 18코스를 처음으로 돌았고 오늘 19코스를 돌다가 길을 헤맸다고 하였다. 처음이라 헷갈렸던 것 같다. 몇 킬로 동행하면서 이것저것 정보를 교환했다.

길에서 낯선 이를 만난다는 게 번거롭기도 하지만 반갑기도 하다. 분명 나만의 세계에 빠져들어서 생각에 잠기는 데에 지장은 있지만 반대로 신선한 촉매제, 청량제 역할도 한다.

실업 팀 권 감독으로부터 반가운 전화가 걸려왔다. 제자가 세계선수권대회에서 금메달을 획득하였다는 것이다. 그 선수는 학생 선수시절 4학년 마지막 대회의 마스터스 금메달리스트이기도 하다. 사실 그 선수는 대학 입학 때만 하더라도 그리 주목받는 유망주는 아니었다. 그러나 꾸준한 자기관리를 거듭한 끝에 이러한 괄목할 만한 성적을 거둔 것이다. 재학시절 연구실에서 나와 경기전략에 대해 많은 상담을 한 게 효과가 있었을 것이라 생각하니 가슴 뿌듯하다. 2021년 여름에 국가대표에 발탁된 데에 이어 결국 세계대회 왕좌에 오른 것이다. 모든 이들이 그 선수를 보고 반면교사로 삼아야 할 것이다. 힘든 올레길에서의 오아시스다.

19코스 종점 부근의 집들이 무척 제주스럽다.

제주의 담과 가옥

어느덧 19코스를 지나 20코스가 시작되었다. 김녕 서포구에 해녀들이 물질하기 위해 바다로 들어가는 장면이 장관이다.

해녀들

이 해녀들의 삶은 얼마나 고달플까. 대부분 고령자들이니 더욱 힘이 들 것이다. 나는 수영 한번 하면 얼마나 힘든지, 얼마나 배고픈지 잘 안다. 대학 때 하루 8시간 수영 수업을 하고 녹초가 되었던 기억이 난다.

김녕해수욕장을 지나면 성세기 태역길이 이어진다. 마대포장을 하여 걷기도 편했다. 오밀조밀 해안선을 따라 이어진 태역길은 고즈넉함 그 자체다.

20코스 중간스탬프지점은 광해군 기착점이다. 광해군은 제주 기착지에서 마중 나온 제주 관리들한테 이런 말을 듣는다.

임금이 덕으로 다스리지 아니하면 구중궁궐이 적들의 소굴로 된다는 사기의 옛말을 모르셨는지요?

조금 더 걷다보면 검은 돌 사이의 잔디밭이 저녁노을이 질 무렵 어렸을 적 놀았던 고향 둑길을 연상시키며 55년 전으로 소환하였다. 그 시골의 시냇가 변 둑길은 지금은 잡풀만 무성하지만 이 길처럼 참으로 아름다운 길이었다.

성세기 태역길

합창

    리듬에 맞춰 윙윙 돌아가는 풍차는 당근밭의 진녹색과 어우러져 가는 해를 멈춰 세우고 우렁찬 합창을 하고 있다.
    숲길에 노동자 시인 박노해의 걷는 독서 숲길이 나왔다. 시구절 하나하나 모두 명언들이다. 그 가운데 '나눔만이 나눔을 막을 수 있다.'가 눈에 들어온다. 약간 정치적인 냄새가 나지만 아주 의미심장한 글귀다.

걷는 독서

아름다운 올레길

이런 길이 올레길의 전형이다.

내가 좋아하는 올레길이다. 그런데 사진을 자세히 보면 왼편에 쓰레기봉지가 버려져 있다. 과연 누가 저지른 짓인

가. 올레꾼의 소행은 아닐 것이다. 나는 요즘 식당에서 사용한 휴지는 내가 직접 쓰레기통에 갖다버린다. 강의 후 강의실 바닥을 살펴보면 커피, 음료수 컵, 휴지 등이 뒤엉켜 아수라장을 이룰 때가 많다. 이런 것도 고쳐야 한다. 어렸을 적에 가정에서, 학생 때부터 습관을 들여야 성인이 되어서 질서 의식이 유지된다.

　이런저런 생각을 하면서 올레길을 걷고 있는데 갑자기 길 바로 옆의 묶여 있는 개가 거칠게 짖어 혼비백산 '깜놀'하였다. 만약 내가 노약자였다면, 임산부였다면 어땠을까 생각하면 아찔하다. 주인이 개 관리를 잘해야 된다는 생각을 한다. 그런 생각을 하며 걷노라니 핑크뮬리밭이 펼쳐진다. 늦가을

단풍 든 핑크뮬리

이라 색깔은 좀 변했지만 솜사탕 같기도 하고 뭉게뭉게 떠 있는 구름 같기도 하다.

  길었던 20코스를 마무리하고 고정리 숙소에 도착하였다. 지난 3월의 추억의 거리를 다시 찾아온 것이다. 마치 고향에 온 것처럼 포근하였다. 3월 올레 1 첫날 묵었던 △호텔은 예약하지 못했다. 3월에 비해 가격이 2배 이상 오른 것이다. 제주 물가가 전반적으로 오른 것 같지만 그 호텔이 이렇게 폭등한 이유가 무얼까. 아무리 생각해도 답이 잘 안 나온다. 투숙객이 호텔 객실에 남겨 놓은 편지도 읽어보고 싶고 독특하고 깨끗한 곳이었는데 아쉽다.

6일차 11/17(수)

1코스 역 올레(광치기해변 ▶ 성산일출봉 ▶ 목화휴게소 ▶ 종달리바당길입구)
21코스 역 올레(종달바당 ▶ 지미봉 ▶ 토끼섬 ▶ 석다원 ▶제주해녀박물관)
1코스 역 올레(종달리바당길입구 ▶ 알오름 ▶ 시흥리정류장)
35.08km … 46,552걸음

 오징어

이 호텔은 온돌인데 방바닥이 그야말로 시골집 방고래 구들장처럼 뜨끈뜨끈하다. 내가 좋아하는 숙소 컨디션이다. 올레 7일째 만에 임자를 만난 것이다. 나는 침대를 놔두고 바닥에서 잤다.

숙소에서 걸어서 1번 역 올레 출발점인 광치기 해변으로 향하였다. 상쾌한 아침이다. 그렇지만 오늘은 약간 추울 것 같다. 바람도 마파람이다.

외국의 지인형님이 이런 문구를 보내온다.

친구관계는 사노라면 친했던 사람도 예상치 않게 멀어져가는 법이다. 그저 그러려니 하고 살자.

지난번 추자도에서 생각하고 느꼈던 그런 글귀다. 가슴이 뭉클해진다. 내가 지금 이러한 소용돌이 속에서 헤매고 있고 앓고 있다.

1코스 역 올레길 출발 지점부터 천연기념물 19호 문주란의 자생지가 환상적으로 펼쳐진다.

문주란

지난 3월에는 이곳을 스쳐 지나갔는지 아니면 문주란이 시들어 눈에 안 띄었는지 군락지에 대한 기억이 없다. 여름에는 성산일출봉을 배경으로 피어나는 하얀 문주란 꽃이 진한 향기를 내뿜고 있을 것 같다. 문주란은 구좌읍 토끼섬에 자생하는데 여기도 꽤 많다. 1코스 역 올레를 걸으니 여기가 손꼽히는 아름다운 길이라는 것을 새삼 실감한다. 제주 유명 관광명소 성산일출봉을 마주하며 걷는 길이라 더욱 가슴 벅차다.

4.3항쟁 유적지 터진목을 지나간다. 2000년대 초반 같이 근무했던 제주 출신 강 모 교수가 4.3기념회 사업을 주도하면서 제주 지역구에서 몇 차례 국회의원에 당선되었다. 국가 및 지역사회 발전에 헌신하였고 지금은 주일대사관을 역임하고 있다.

성산일출봉 입구의 말타기 체험 장소 앞에서 약 15년 전 가족여행 때 아들이 말을 탔던 기억이 떠올라 사진을 찍어 보내본다. 그리고 성산일출봉 왼편 우뭇개해안 끝자락에서 편의점 김밥과 우유로 아침을 즐긴다. 뒤로는 성산일출봉이, 앞으로는 내일 찾아갈 우도가 한눈에 보이는 아름다운 장소이다. 이윽고 올레길을 따라 걷다보니 우도방향으로 키 작은 분홍색 갯쑥부쟁이가 군락을 이루어 잔잔한 멋스러움을 연출하고 있다.

갯쑥부쟁이

갯쑥부쟁이를 뒤로 하고 조금 더 걷다 보면 길가에 흰색 욕조 같은 것이 눈에 들어온다.

여기서 따뜻한 물로 몸을 담그고 있으면 상산일출봉이나 우도가 다 나에게 달려올 것 같다.

욕조

영웅 강승우 중위

    이곳 성산읍 시흥리에서 태어난 호국 영웅 강승우 중위의 추모비가 눈에 들어온다. 현재 육군 제9사단 사격장이 강승우 사격장으로 명명하였다고 한다. 나는 까맣게 모르고 있었다. 또한 보병 제30연대에 3군신 추모비가 건립되었다고 한다. 9사단 사령부 앞 도로도 강승우로로 개칭되었다고 한다. 내가 걷고 있는 도로 역시 강승우로다.

    6.25 전쟁 당시 소대장이었을 텐데 정말 백마고지 전투에서 젊은 나이에 엄청난 리더십을 발휘하여 혁혁한 공을 세운

영웅임이 틀림없다. 내가 9사단 30연대 1대대 출신이라는 것이 무척 자랑스럽다. 나아가 불타는 전우애를 느낀다. 자전거로 이 길을 달린 같은 부대 출신 전우에게 이 사실을 알렸더니 곧 답이 온다. 본인은 자전거를 타고 가느라 이러한 역사적인 곳을 그냥 지나친 것이 못내 아쉽다고 한다. 자전거의 한계상 주변의 자세한 것을 보기 어렵고 사진을 못 찍은 것이 많이 후회스러웠을 것이다.

나는 이 뭉클한 글을 쓰고 대화를 나누느라 1코스 중간스탬프 찍는 지점을 지나치고 말았다. 여기는 다른 방도가 잘 떠오르지 않아 750m를 되돌아갔다.

올레 1때 첫날부터 흥분시켰던 목화휴게소 앞 오징어 말리는 장면이 지금 가을에도 연출되고 있었다. 정말 아무리 보아도 질리지 않는 흥미로운 장면이다.

올레꾼과 오징어

어제 19코스에서 만났던 초보 올레꾼을 또 만났다. 19코스 중간지점 월정리에서 21코스 종점 부근까지 반나절 만에 주파하다니 실로 대단한 걸음이다. 그 올레꾼은 오늘 1코스까지 마치겠다고 한다.

걸으면서 가만히 생각해보니 나는 지금까지 살아오면서 '내가 옳다'에 구속되고 함몰되어 있었다. 그럴수록 나 자신만 피곤한 사실을 깨닫지 못했는데, 이제 조금씩 알 것 같다. 내가 무조건 옳아야 한다는 생각을 과감히 떨쳐버리기로 다짐한다. 그래야 내가 편하다. 이제 편하게 살기로 했다. 누가 나에 대해 비난해도 일단 화내지 말고 그 사람이 나에게 왜 나쁜 감정을 가지고 있는가를 생각하며 한발 물러서자. 그리고 아랫배에 힘을 주며 천천히 심호흡을 하면서 깊이 생각하고 멀리 바라보자. 그 다음 강력한 통찰력으로 선택과 집중을 하면 된다.

나는 어렸을 적 잘 못 먹기도 했지만 약하게 태어나 몸이 부실했다. 그래서 부모님이 걱정을 많이 했는데, 이를 극복하고자 매일 아침 줄넘기, 뒷산 언덕 오르기 등 체력 단련을 실시하고 그 기록을 꼼꼼하게 메모하였다. 자기관리의 중요성을 일깨우는 과거 삶의 한 페이지다. 남한테 지기 싫어하는 성격은 도드라진다. 나의 달리기의 역사도 마찬가지로 그 남한테 지기 싫어하는 성격과 자기관리로 얻어진 결과물이다.

그 이후, 나는 히말라야 트레킹에 도전하였고, 올레 1 완주

제주 환상 자전거 라이더

와 BAC 명산100 프로그램 205일만의 완주, 그리고 지금의 올레 2를 걷고 있는 중이다.

제자들이나 주위 사람들에게 삶을 살면서 모멘텀, 모티브, 터닝 포인트의 중요성을 역설할 때 주요 소재가 될 만한 대목이다.

좀 지긋해 보이는 라이더가 자전거일주를 하고 있다.

이들의 마음과 나 같은 올레꾼의 마음가짐이 어떻게 다를까. 내가 자전거를 타보면 쉽게 알 수 있을 텐데. 당장 발안으로 달려가 자전거 국토 종주 그랜드슬램을 달성한 친구를 만나야겠다.

500m 앞 맛집 광고

    길을 걷다가 배가 얼마나 고팠는지 이런 광고 간판이 눈에 확 띄었다.

    500m는 자전거로는 1~2분이면 도착할 수 있는 거리지만 올레꾼은 7~8분은 걸어야 한다.

    하도리안에 분위기 있는 이정표가 나의 눈을 사로잡는다.

    21코스 종점 부근 보말칼국수가 맛있다. 반찬도 정갈하게 나오고, 반찬과 밥이 셀프라 편하다. 한마디로 말하여 숨겨진 맛집이다.

색다른 이정표

   오늘 목표지점이 얼마 남지 않았다. 1코스 부근에 한달살이 50만원이란 안내판이 들어온다. 요즘 제주 한달살이가 인기가 있다는 것을 보여주는 간판이다. 1개월에 50만원이면 좀 비싸지 않나 생각이 든다. 풀빌라라서 그런가 싶기도 하다. 성산일출봉 앞 시흥리 밭은 지난 3월 올레 때처럼 여전히 진녹의 아름다움을 뽐내고 있었다.

   아침부터 아팠던 오른쪽 약지 발가락이 지금도 아프다. 끊어지도록 아프다. 어제는 왼쪽 발이 문제였는데 오늘은 오른쪽 발이 문제다. 발가락이 많이 걸어 피투성이의 느낌은 일반적으로 쉽게 느낄 수 없는 고통이면서 쾌감이다. 원래 고통과 쾌감은 종이 한 장 차이다. 아니, 옛말로 회수권 한 장 차이라고 하지 않았던가. 고통은 새로운 시작을 잉태한다. 힘들더라도 견디면 뭔가 나에게 플러스가 될 것이고 삶의 활력으로 다가올 것이다.

낮이 매우 가파르게 짧아진다. 5시 조금 넘었는데 어둑어둑하다. 앞으로 갈수록 오후 늦은 시간까지 긴 걸음은 더욱 힘들겠다.

내일은 우도와 지난 3월 방역 관계로 통제되었던 식산봉 주변 철새도래지 2코스를 걸을 계획이다. 부족하지만 DSLR 사진기로 그 아름다움을 어떻게 그려낼까 생각하니 조금 설렌다. 조 교수한테 여타의 일로 연락하니 역시 반갑게 나를 맞이한다. 이러한 인품 있는 사람이 꼭 관련 분야의 수장이 되었으면 좋겠다.

7일차 11/18(목)

1-1코스(우도 하우목동항 ▶ 하고수동해수욕장 ▶ 우도봉 ▶ 천진항)
2코스(광치기해변 ▶ 식산봉 ▶ 제주동마트 ▶ 대수산봉 ▶ 혼인지 ▶ 온평포구)
3코스(온평포구 ▶ 신산리마을카페)
38.07km … 50,929걸음

어떤 올레꾼

나는 몇 해 전에 허리 때문에 고생한 적이 있다. 그래서 항상 아침에 누워서 허리운동을 한다. 하체를 좌우로 몇 번씩 스트레칭 하면서 허리를 풀어주면 좋다. 특히 올레 일정동안에 신경 써서 스트레칭을 하고 있다.

오늘은 성산일출봉항에서 우도 1-1코스를 걷기 위해 아침 일찍 숙소를 나섰다. 배편이 7시 30부터 천진항, 하우목동항 두 군데로 각 항구마다 1시간씩 즉, 30분마다 있으니 여유 있게 움직인다. 지난 올레 1 때는 비가 와서 조금 고생하였다.

우도 배에서 바라본 성산일출봉

오늘 날씨는 짱이다. 기온 또한 15~17도를 예보한다. 우도에서 또한 쉬멍 걸으멍 놀멍 하자. 전국에서 가장 면적이 작은 면단위 섬, 인구 1,700여 명의 우도는 관광자원으로의 개발 가치가 큰 섬이다.

우도 배는 꽤 큰 여객선인데 이번 배의 탑승 인원은 30명도 채 안 되었다. 이른 아침 배라 그럴 것이다. 추자도 퀸스타 2호처럼 객실이 의자가 아니고 온돌방모양으로 되어 있다. 승객들은 방에 있지 않고 전망이 있는 3층에 있다. 바람이 꽤 분다. 우도행 배에서 바라보는 성산일출봉은 작품이다.

20분 정도 달린 후 도착한 하우목동항에는 앙증맞은 전기차가 여행자를 기다리고 있었다.

건물들이 아담하고 예쁘다. 돌담도 예술이다. 비가 왔던 지난 올레 1때보다 더 많이 보인다. 역시 날씨가 중요한 변수다.

우도 전기차

　청두에서 형님이 '친구가 가장 고마울 때는 친구가 내 이름을 불러주고 나의 마음을 알아줄 때다'와 같은 '친구란 무엇인가'에 대한 아침 인사 글을 보내오셨다. 나는 '형님은 68세인데도 불구하고 친구가 많아서 좋겠습니다.'라는 글을 보냈다. 사실 형님과 나의 나이 차이는 9살 차이로 친구는 아니다. 그렇지만 나를 그저 편하게 대해주셔서 좋다.

　올레 1때 홍순이가 나를 앞서거니 뒤서거니 하며 호위하며 동행하였는데, 오늘은 안 보인다. 올레 1때 더 놀아주지 않아서 삐졌는가 보다.

　우도 등대공원 등산로가 잘 정비되어 있다. 왕골쿠션길이 좋다. 악천후 때도 걷기 괜찮을 것 같다.

　우도봉을 오르는 도중 뒤돌아본 풍경이 넋이 나갈 지경이다.

우도 돌담

우도의 아름다움

우도봉 정상부 주변은 분지 형태다. 그곳에서 한가롭게 풀을 뜯고 있는 말이 우도의 분위기를 말해 주고 있다.

낮이 되니 아침과는 다르게 우도에 관광객이 엄청 몰려온다. 위드 코로나가 아니라 관광 코로나 같다.

외국 관광객들이다. 옛날의 인해전술이 생각난다. 제주도는 과연 외국 관광객들의 성지인가.

밀려오는 관광객

추자도만 그런 줄 알았는데 우도 또한 배 시간이 정확하지 않다. 특히 우도에서 성산일출봉항으로 나가는 배편 시간은 사람이 차면 떠나므로 예정 시간보다 일찍 출항할 수 있다고 한다. 매표소 앞에도 그러한 문구가 붙어 있고 직원도 그렇게 안내한다. 이게 과연 정상적인 시스템인가. 단언컨대 앞으로는 결국 제시간에 출항하는 것으로 바뀔 가능성이 크다. 이것이 선진 시스템이니까 말이다.

시골길, 버스정류장, 가게에서 나이 드신 분들이 사용하는 제주 방언은 잘 알아듣지 못하지만 정감 어리다. 특히 현지인 식당에서 들려오는 악센트 있는 제주도 방언은 나의 귀를 쫑긋하게 만든다. 강원도 말, 북한 말 같기도 하다. 예전에 제주도가 몽골과 교류를 통해 몽골어에 직접적인 영향을 받았다

식산봉 뷰 포인트

는 주장도 설득력이 있어 보인다. 나는 한때 국어학과에 진학하여 지역 방언을 연구하는 학자가 꿈이었던 적이 있었다. 그 꿈을 이루지 못한 대신 국어전공자인 아내를 배우자로 택했는지도 모른다. 나는 연변이나 북한 말도 호기심이 많이 간다. 생각해 보니, 존경하는 산방산 출신 대학 후배나 동기인 해병대 장군도 그러한 구수한 면을 내가 부지불식간에 느끼고 있었는가 보다.

  성산일출봉 여객선터미널을 빠져나온 나는 2코스 광치기 해변, 내수면 둑방길에서 식산봉 방향으로 향하였다. 식산봉 중간지점에 데크로 조성된 성산일출봉 배경의 뷰 포인트는 정말 이채로운 구도다.

식산봉을 뒤로 하고 한적한 오조리 내수면길을 걷고 있는데 한 올레꾼이 말을 걸어온다. "오늘 2코스만 걷나요?" 그래서 1-1코스 우도를 오전에 다녀왔고 앞으로 걷는 데까지 걸을 계획이라고 답했더니, 자기도 1-1코스를 갔다 왔다고 대답한다.

"아 저하고 오늘 같은 코스를 걸었네요."라고 말하며 반갑게 대했다. 그런데, 대화 도중 1-1은 예전에 다녀왔는데 그 당시에는 스탬프여권을 발급받지 않아 여권에 도장을 못 찍었다고 한다. 나중에 딸이 우도에 가면 대신 받아오라고 하겠다고 한다. 오 마이 갓. 귀가 나보다 더 어두운 양반인가, 아니면 자기포장으로 가득 차 있는 꾼인가. 한 술 더 떠서 여기 올레길을 걷는 것은 시시하다고 한다. 등산이 더 낫다고 한다. 그래서 나는 올레길과 등산을 단순 비교하기는 어렵지 않느냐고 말했다. 아마 올레를 시작한 지 얼마 안 되어 경험이 없어서 그러한 생각을 했을 수도 있었을 것이다. 현재 올레길 3개 코스를 돌았다고 한다. 그리고 지금까지 57개의 BAC 100대 명산을 올랐다고 하였다.

사람의 유형은 정말 다양하다. 제주 올레길은 절대 시시하지 않다. 100대 명산보다 더 설레고 내용이 있다. 볼 것이 많으니 눈이 즐겁고 혼자만의 생각을 할 시간도 많다. 제주의 역사와 문화도 배우고 체험할 수 있어서 알차다.

식산봉과 성산일출봉

　가까이 보이는 식산봉과 저 너머 멀리 있는 성산일출봉이 사이좋게 마주보고 있다.
　제주의 토양은 기름진 곳이 많다. 과수원 외의 대부분은 밭 용도로 사용되고 있는데 지금 11월에는 무, 양배추가 제일 많이 재배되며, 마늘, 양파, 당근, 비트 등이 그 뒤를 잇는다.
　간세의 뜻이 '게으르다'의 방언이다. 그런데 제주도 사람들은 게으르지 않은 것 같다. 다만 지역사회이다 보니 고령화되어 기동력이 좀 떨어질 뿐이겠지.

여기 오기 전에 몇몇 지인들한테 올레길을 또 다시 걷는 이유는 기행서적을 쓰고자 함이라 했더니 다들 박수를 쳤다. 그러니 내가 더 부담이 된다. 언론사에 기고하는 글 같이 정제된 글은 대중들에게 읽혀도 큰 문제가 없는데 기행문은 흐름이나 표현이 자유롭기 때문에 모가 나 보일 수 있다. 그래서 조심스럽다. 글의 근력을 키워야 하는데 그것이 그리 쉬운 일인가. 말하듯이 글을 써야 하고 글을 쓰듯이 말을 하는 게 자연스럽다. 글이 말처럼 자연스러우면 잘 읽힐 것이다. 요즘 카톡이 대세인데 카톡 하다가 전화를 거는 경우가 있다. 말이 더 의사 전달력이 직접적이며 자연스러우니까 그럴 것이다.

지난 3월 2코스 동마트 부근 중간지점에서 친구부부와 식사를 했던 기억이 난다. 오늘은 나 혼자 국밥을 먹고 힘을 내어 중산간 대수봉으로 향하였다. 대수봉 정상에서 내려다 보이는 성산일출봉과 섭지코지는 언제 보아도 일품이다. 혼인지 가기 전후에 노지 귤밭에 귤이 주렁주렁 매달려 있다. 마치 올림픽 금메달리스트가 월계관을 쓰고 있는 가득함이다.

노지 귤 밭

2코스 종점에 거의 다다랐는데 어떤 이가 자가용을 타고 와서 스탬프를 찍고 있었다. 허겁지겁 부리나케 스탬프를 찍은 그 운전자는 마치 무슨 죄라도 지은 듯 3코스 중간지점 방향으로 핸들을 급히 틀어 달아난다. 전에 이 아름다운 지점에서 넋이 나가 스탬프 찍는 것을 잊었던 것 같다.

2코스 종점인 온평포구는 3월이나 지금이나 포근한 느낌이 들어 좋다. 아직 시간적 여유가 있어 3코스 중간지점까지 내달렸다. 오른쪽 발가락에서 피가 난다. 그래도 견디고 걸음을 재촉한다. 지금 나한테는 이것이 휴식이요 제주 올레다.

올레길 걷는 자의 숙소는 비용, 위생 상태, 접근성 등이 선택의 주요 요인이 된다. 위생 상태 가운데 이불, 베개에 케케묵은 냄새가 나지 않아야 한다. 위 내용은 모든 사람들에게 적용되는 일반적인 선택 요인이다. 나에게는 무엇보다도 동절기 방 온도 즉 난방이 필수 선택 요인이다. 난방이 부실하면 전기매트라도 있으면 그만이다.

이곳 성산 고성리에서 평점 좋은 한 음식점을 한번 경험하고자 조금 걸어 찾아갔더니 대기 줄이 있다. 어제와 그저께도 그래서 포기했었는데 오늘도 그렇다. 대신 길 건너 식당에서 제육볶음으로 현지인들의 구수한 사투리를 들으며 최고의 만찬을 즐겼다. 꿩 대신 닭이 아니라 칠면조였다. 이곳이 내가 원했던 음식점이다.

걷다보면 상큼한 지점이 있다. 그런 곳은 카메라 렌즈에 담으려고 노력하지만 아무래도 기억만큼 강력하고 아름다운 것은 없다. 올레 1 때 멋졌던 곳들이 어김없이 나의 뇌의 저장소에서 튀어나와 그 생생함이 심신의 피곤함을 녹인다. 다음에 아내하고 올레 3을 걸을 때도 그 기억이 나겠지. 그때 그 기분을 상세히 설명할 것이다.

하루에 50,000보는 한계치인 것 같다. 대략 8시부터 점심시간 30분~1시간 정도를 제외하더라도 5시까지 시속 4.5km 이상으로 쉬지 않고 걸어야 한다. 8시간이 나의 맥시멈인 듯하다. 지금 26개 전체 올레길 가운데 40% 정도를 걷고 있다.

8일차 11/19(금)

4코스 역 올레(남원포구 ▶ 알토산고팡 ▶ 표선해녀의집 ▶ 표선해수욕장)
3코스 역 올레(표선해수욕장 ▶ 배고픈다리 ▶ 신풍신천바다목장
▶ 신산리마을카페)
37.65km … 48,906걸음

201번 버스기사님

 아침에 짐을 서귀포로 옮겨놓아야 한다. 이른 아침 서귀포로 이동하는데 일출이 얼마나 멋있는지 차창 너머로 살펴본다. 이번에 성산일출봉을 배경으로 일출 촬영을 하지 못해 아쉽다. 사진촬영에 관심이 있는 나는 예전에 마이산, 옥천, 대전 구봉산 등의 일출 명소에서 일출 촬영을 더러 했다. 물론 전문가 수준의 만족스런 출사결과는 아니었지만 기억이 새롭고 나름대로 의미를 부여할 만하다. 일몰은 부안 솔섬이 최고인 듯하다. 그런데 용의 입 모양의 소나무 형상이 지는

해를 물도록 찍어야 하는데, 해의 각도, 날씨 등의 조건이 맞아야 하므로 그것이 여간 힘든 게 아니다.

남원 4코스 종점에서 역 올레를 시도하였다. 오늘은 햇빛을 등지고 걷고자 한 것이다. 물론 이 코스에서는 오전에는 해를 어느 정도 마주하겠지만 전체적으로 봤을 때, 태양의 각이 측면 빛이므로 역 올레가 더 해를 등질 수 있다고 판단하였다. 어제 오후에 해를 정면으로 안고 걸어 시야에 불편함이 있었다. 콩나물은 콩에 햇빛을 주지 않아도 콩에서 콩나물이 나온다. 햇빛을 주지 않아도 유익한 일이 있다. 매사 햇빛만 받고 살려고 하지 말자. 때로는 응달에서 쉬면서 충전하자. 적절한 비유인지는 잘 모르겠다.

풍경 사진도 인물이 적절히 구성되어야 임팩트가 있어 보인다. 그런데 초상권의 문제나 개인 사생활 보호의 측면에서 매우 신중하게 접근해야 한다. 그래서 뒷모습을 촬영하거나 인물이 멀리 나오도록 구도를 잡는다. 차량 또한 비슷한 경우다.

7시에 고성리에서 201번 버스를 탔다. 버스를 타기 위하여 급하게 뛰어오느라 목에 걸쳤던 마스크를 쓰는 동안 기사님은 버스 승강구 문을 안 연다. 또한 탑승객 중 노인 두 분이 대화를 하는 것을 보고 "좀 조용히 해 주세요."라고 요청한다. 코로나 확산방지를 위해 바람직한 방역 자세다. 201번 버스기사님을 격하게 칭찬한다. 또한 201번 버스 안내 목소리가 바뀌었다. 3월부터 최근까지 제주방언의 안내 멘트였는데 새롭게 바뀐 것이다. 모든 버스가 전면적으로 바뀐 것은 아닌 것 같다. 지난 10월에 아내와 왔을 때도 예전 멘트가 대부분이었다. 아무래도 서울 말투가 듣기가 편한가보다.

제주버스정보시스템 앱의 정확성이 떨어지는 것 같다. 노선 버스 실시간 도착 정보가 맞지 않은 경우를 몇 차례 경험하였다. 그런데 버스정류장의 도착 정보 알림 시스템은 비교적 정확한 것 같았다.

긴 시간의 버스 여행을 끝내고 8시 20분에 호텔에 도착하였다. 짐을 맡기기 위해 프런트로 갔더니 직원이 안 보인다. 10시까지 자리를 비운다는 메모가 데스크에 꽂혀 있다. 그래서 가방을 프런트 데스크 안에 넣어 놓고 나왔다.

이른 아침부터 움직였지만 9시를 훌쩍 넘겨서야 4코스 종점에 도착하여 4코스 역 올레를 시작하였다. 남원포구에서 덕돌포구 가기 전 햇볕이 따스한 벤치에 앉아 편의점 김밥과 우유를 간식으로 즐겼다. 신흥리포구에서 내륙으로 이어지는 언덕의 올레길 주변에는 귤 농장이 대부분이다. 노점에 귤 무인 판매대가 있었는데, 지갑에 돈 1,000원 밖에 없어서 패스하였다. 그리고 귤을 한꺼번에 먹지 못하면 무거운 짐으로 바뀔까봐 부담이 되기도 하였다.

무인판매 귤

하우스감귤이 나무 보일러를 이용하여 온도조절 등을 관리할 수 있어 당도는 높지만 자연스런 맛은 떨어진다. 호불호가 갈릴 수 있다.

호텔에 전화해서 '맡겨놓은 짐이 이상 없다는 것'을 확인하였다. 이 반사경 사진이 나홀로 올레길에서 유일한 내 모습이다.

지금과 같은 거리두기 방역관리 상황에서 반사경은 훌륭한 사진사다.

발바닥이 아파온다. 쓰리다. 코반 붕대를 감아보지만 역부족이다. 약국에서 파스를 사서 붙여 볼까 생각한다.

토산2리 마을 주민들이 공동으로 운영하는 4코스 중간스탬

볼록반사경

프 지점인 알토산고팡의 스테이크 볶음밥은 정갈하고 일품이었다. 음식점 홀은 점점 빈자리가 없을 정도로 사람이 꽉 차왔다. 제주 올레 홈페이지에도 소개되어 있어 올레꾼들의 명소일텐데, 출입문에 '화장실만 이용하는 손님은 사절'이라는 문구를 대문짝만하게 써 놓아서 조금 실망하였다. 그곳에 중간스탬프 찍는 곳이 있고, 올레 홈페이지에도 소개되어 있으므로 영업상 다소 번거롭더라도 올레꾼들에게 화장실을 이용하도록 허용하는 것이 옳다고 생각한다.

　힘을 내어 해병대길, 세화항으로 이어지는 올레길을 걷는다. 특히 이곳 바닷가 화산석의 올레길은 인위적이지 않은 제

해안가 숲 올레길

주 특유의 자연의 아름다움을 느끼게 해준다. 곳곳에 펼쳐지는 고즈넉한 해안가의 숲길은 잠시나마 발의 고통을 쾌감으로 승화하도록 만든다.

이윽고 세화2리 해녀올레 즉 '세계 최초의 전문직 여성'으로 불리는 제주 해녀들이 바닷가로 오르내리던 길을 지나간다.

제주 멸종위기 식물로 지정된 황근을 식재하고 관리·연구하는 곳도 보였다. 내가 이번 올레 2에서 황근에 대한 관련 정보를 알게 되어 매우 뿌듯하다.

표선해수욕장에서 4코스를 마무리하고 약국으로 향하였다. 표선시내로 들어가야 약국이 나온다. 발바닥 물집 전용 파스

황근

나 테이프는 없다고 한다. 군입대 준비 물품으로 판매되는 것 같은데 여기는 없었다. 대신 상처보호용 대형 밴드 4매입 3,500원짜리를 구입하였다. 붙이니 처음엔 약간 불편했으나 점차 나아지는 것 같았다. 내일은 양쪽 발바닥에 모두 붙이고 걸어야겠다. 발바닥에 붙인 파스를 믿고 바로 3코스 잔여 구간을 걷기 위해 발걸음을 재촉하였다.

표선해수욕장은 가로는 짧은데 세로는 매우 긴 독특한 모양을 하고 있다.

해수욕장의 기능을 볼 때 아무래도 물과 파도와 인접한 지점에 물놀이객들이 많이 몰려들 테니 세로의 긴 백사장에는

표선해수욕장

붐비지 않을 것이다. 효용성이 떨어지는 구조를 띠고 있다. 해수욕 시즌에 어떤 풍경을 보이는지 와봐야겠다.

표선해수욕장을 지나 3코스 역 올레길에 접어들자마자 해안가에 펼쳐진 나뭇가지들로 엮어진 숲길은 카메라 셔터를 바삐 누르게 만든다.

해안가 숲길

해안길

  하안리 쉼터에서 해안가로 직진하면 배고픈다리가 나오는데 이 길 또한 해안의 자연길이다. 아름답다.

  대학 때 반더포겔이라는 학과행사에 참여하였던 기억이 난다. 반더포겔이란 독일어로 '철새'라는 뜻이며, 철새처럼 산과 들을 돌아다니며 심신을 다지는 목적으로 시작하였다. 구체적으로, 반더포겔은 1900년대 초 독일 청년들 사이에서 태동된 프로그램으로서, 국토 순례를 통하여 신체를 단련하고 독립 정신을 키우는 한편 우정을 돈독히 하는 데 그 목적이 있었다. 즉, 도보 여행에 의하여 자연·조국·향토를 사랑하며,

의지가 강하고 품행이 바른 청년을 양성하고자 했다. 나도 이러한 국토 순례 프로그램을 교육과정이나 학과 행사에 도입하도록 노력해야겠다는 생각을 한다.

해안가를 걷다보면 현지인들 낚시꾼과 관광 낚시꾼의 차이를 쉽게 구분할 수 있다.

현지인들은 그 복장과 장비가 화려하지 않다. 그리고 포인트를 잘 알기 때문에 프로수준으로 잘 낚는다. 어깨에는 잡은 고기를 담을 바구니도 메고 있다. 이들의 낚시는 관광객처럼 여가가 아니라 생존이다. 이 낚시에서 잡아 올린 생선은 오늘 저녁에 어느 가게의 횟감으로 내놓을 것이다. 그 수고로움의 결과물인 생선회를 먹는 사람들은 얼마나 복이 많은 사람인가.

현지인 낚시꾼

신풍 바다목장

주어등포구 가기 전의 신풍 바다목장에 다다르니 장관이 펼쳐진다.

봄에서 가을 동안 가축 방목장으로 활용하였던 장소가 귤껍질 말리는 장소로 바뀐 것이다. 이 광활한 잔디밭에 천을 깔아놓고 귤껍질을 말리는 모습은 국내에서는 찾아보기 힘든 진풍경이다. 몇 단계 잔류농약 제거 작업을 거쳐 한약재, 식품 원료, 향료, 화장품 등에 활용된다고 한다. 더 좋은 포인트에서 사진을 찍지 못해 아쉽다. 버스정류장에도 이 귤껍질 말리는 사진이 크게 걸려 있다. 드론 촬영이 제일인 것 같다.

한라산 정상에 쌓였던 눈이 거의 다 녹았다. 다음 주 월~수요일에 비 예보가 있는데 한라산이 이때 흰색으로 화려하게 환복할 것이다. 날씨가 좋을 때는 한라산 정상이 선명하게 모습을 드러낼 텐데, 이 아름다운 장관을 매일 보는 제주 도민들은 축복받은 사람들이다.

오늘 신산리까지 마무리하였다. 버스정류장 곳곳에 자동 온열시스템 의자를 설치해놓아서 겨울에 버스를 기다리는 연로한 분들이나 추위를 많이 타는 승객들에게는 매우 좋은 아이디어 상품이라 생각이 든다. 서울이나 다른 지방도 이런 시설은 벤치마킹해야 한다. 대전은 몇 군데 설치되어 있다.

제주의 특색 있는 용어 가운데 하나는 취락구조다. 버스 정류장 이름에 자주 등장하는 이 취락구조는 과거 내 집 마련이 어려운 시절에 주거환경 개선을 위하여 정부에서 물자를 지원해서 집을 지을 수 있도록 배려해 주는 사업이었다. 아마 지금은 고유명사가 되어버린 것 같다.

일교차가 심한 요즘 걸을 때는 여름옷을 입어야 하고, 버스를 타거나 식사를 하거나 쉴 때는 두툼한 겨울옷이 필요하다. 그런데 윗옷은 준비 가능한데 바지는 맞추기가 곤란하다.

외국인 유학생들이 방학을 맞이하여 자국으로 돌아가기 위해 지도교수에게 위챗으로 보고한다. 나는 잘 귀국하라고 답을 보내기는 하지만 이들의 원만한 학위취득을 위한 필수 요건인 한국어 공부가 대부분 미진하여 걱정이 많다. 특히 코로나 사태로 자국에 머무는 원생도 있어 한국어 공부가 힘든 상황이다. 그런데 나의 지도학생 가운데 한두 명은 한국어 능력이 우수하여 통역이 어느 정도 가능하니 약간의 위안이 된다. 나는 이들에게 되도록이면 한국인과 대화할 기회를 많이 가지라고 요구한다. 그런데 사회적 거리두기 등의 원인도 있어

자국민들끼리 지내는 경우가 대부분이라 안타깝다. 내가 기회를 자주 만들어 그들의 한국어 실력을 향상시켜야겠다.

오늘 역 올레는 아주 잘한 선택이었다. 왼쪽 발바닥만 괜찮았다면 더 빠르고 즐겁게 걸었을 텐데 조금 아쉽다. 내일도 두 코스 역 올레에 도전한다.

저녁에 형님과 통화하였다. 나의 형님은 친형님 외 두서너 분이 계시다. 매우 각별하다. 나는 친구나 선배보다 후배들에게 더 신경 쓰며 살았다. 그러나 선배들이 더 좋은 이유는 무엇인가. 아이러니하다. 이윽고 다정한 인연의 신림동 소재 출판사 민 사장님한테 전화가 걸려온다. 반갑게 통화하였다.

군복무를 마친 젊은 시절인 20대 후반에 만났던 강 전무는 지금 경기도 외딴 섬에서 멤버십 훈련을 하고 있다. 오늘 금요일인데 전지훈련 간 것 같다. 유수 회사의 전무는 1년 단위로 인사이동이 이루어지므로 연말이 제일 신경 쓰이고 바쁜 것 같다. 열심히 분투하는 강 전무한테 배울 점이 한두 가지가 아니다.

9일차 11/20(토)

6코스 역 올레(제주 올레여행자센터 ▶ 이중섭거리 ▶ 소라의성 ▶ 검은여쉼터
▶ 제지기오름 ▶ 쇠소깍)
5코스 역 올레(쇠소깍 ▶ 위미1리 ▶ 위미 동백나무군락지 ▶ 큰엉 ▶ 남원포구)
31.32km … 41,955걸음

감귤농장 사건

 아침에 짐을 호텔 2층 로비로 옮기고 6코스를 출발하였다. 아직 호텔 예약을 하지 않은 것이다. 오늘 서귀포의 날씨는 싱그럽고 쾌청하다. 양쪽 발바닥에 파스를 붙이니 한결 부드럽다.
 이중섭거리에 감성미술전시회를 개최하고 있었다. 초등학생들의 그림 수준이 예사롭지 않다. 아마 이 학생들은 이중섭 작가에 대하여 보고 들으며 동기유발이 강화되어 더 열심히

감성미술전시대회

그림그리기 연습을 하였을 것이다.

6코스 해안의 외진 올레길에서 어떤 여행자가 나에게 "혹시 이쪽으로 가면 뭐가 나오나요?"라고 묻는다. '내가 3월에 이 길을 걸은 것을 어떻게 알았지.' 라고 생각하며 잠시 머뭇거리다 지도를 보고 "이런 길이 한참 계속되는데요."라고 말하니 "알겠습니다. 감사합니다." 하고 뒤로 물러선다. 아마 그 사람은 올레꾼이 아닌 모양이다.

내가 올레를 홍보하고 나를 알릴 겸 해서 제주 올레 6코스 시작점이 나온다고 말할 걸 그랬나.

스쿠버 체험하는 곳도 있다.

바다 속에 들어가 보지 않은 사람은 그 세계의 황홀한 맛을 모른다. 나는 박사과정 때 강원도에서 스킨스쿠버 KUDA 오픈워터 자격증을 취득하였다. 그 당시 강원도 바다 10m 정도 깊이의 물속은 그리 맑지 않았다. 지금의 제주도 바닷속이 훨씬 맑을 것이다. 지금도 생각나지만 다이빙할 때 짊어지고 들어가는 공기통을 산소통이라고 잘못 알고 있는 사람이 많다고 들었다. 스노클링은 동남아시아에서 몇 차례 체험하였다. 앞으로 남태평양이나 오지에서 산호, 소라, 오색물고기가 가득한 바닷속을 들어가 볼 기회가 생길까.

스쿠버 체험소

내가 매우 의아하게 느끼는 것은 저 많은 귤을 왜 버렸냐는 것이다.

분명 저 귤은 처음 버릴 때 상하지 않았을 것이다. 상품 가치가 떨어져서 그런가. 당도를 높이는 데 실패해서 그런가. 아무튼 이해가 잘 안 간다.

버려진 귤

주렁주렁 매달린 귤 농장을 지나가다 보니 어느덧 나의 발걸음은 쇠소깍에 이르렀다. 바닷물과 민물이 합쳐지는 쇠소깍은 3월에 비해 관광객들이 많아졌다. 소를 의미하는 '쇠', 웅덩이를 뜻하는 '소', 바다와 민물이 만나

쇠소깍

는 끄트머리의 '깍'의 합성어인 쇠소깍에는 나룻배, 카약을 즐기는 사람들로 북적인다.

제주환상 자전거길 쇠소깍 스탬프 지점에서 사진 촬영 후 권 사장에게 보내주니 칭찬의 답이 온다. 나도 한마디 응수한다. 칭찬은 바보를 천재로 만든다. 말도 못하고 듣지도 보지도 못하던 '헬렌 켈러'에게 기적을 만들어 주었던 일화가 기억난다. 칭찬은 또한 적군을 아군으로 만들고 원수도 은인으로 만든다.

자전거길 스탬프 찍는 지점의 가로수 중에 눈길을 끄는 나무는 무슨 나무인가 했더니 바로 먼나무였다. 이름이 재미있다.

자전거 스탬프 지점과 먼나무

진녹색의 잎에 빨간 열매가 주렁주렁 달려있어 이목을 끈다. 마치 육지의 1,000고지 이상에서 자생하는 마가목과 흡사하다.
　5코스 역 올레 초입에도 귤밭이 많다.
　나는 귤 사진을 잘 찍어보고 싶었다. 그래서 여러 군데서 다양한 구도로 촬영을 시도하였다. 근접 촬영도 하였다. 사진 찍으라고 귤밭을 개방한 농장도 있었다. 사실 개인 소유의 소중한 농작물을 촬영하는 것도 조심해야 한다. 5코스 역 올레길 옆의 어느 농장에서 담 너머 탐스러운 귤을 찍고 걸어가는데 "귤 왜 따느냐?"고 어디서 나타난 노파가 말씀하신다. 오 마이 갓! 어제 저녁 서귀포 농협에서 구입한 귤을 먹고 있었

대단위 귤 농장

는데 그것을 보고 여기서 따지 않았냐고 단정 짓는다. "왜 따요? 따면 안 되죠." 이런 식의 말투다. 아니라고, 어제 산 것이라고 해도 땄다고 하여 "내가 따는 것 보셨는가요?"라고 말했더니 할아버지가 나오셔서 죄송하다고 한다. 지나가는 올레꾼들이 많이 그런다고 하면서 잘못 봐서 정말 죄송하다는 것이다. 순간 속상하고 울분이 차올랐다. 이건 인격살인이다. 잠시 마음을 가라앉히고 앞으로 확실하지 않은 사실을 추측하여 남에게 말씀하시지 말라고 몇 마디 건네고 다시 걷는다. 사람이 살다 보면 의심은 할 수 있지만 입에서 나오는 말은 조심해야 한다. 한 번 내뱉으면 엎질러진 물처럼 주워 담을 수 없기 때문이다. 자꾸 죄송하다고 하는데 그게 죄송하다고 하고 끝낼 일인가. 길에서 치유를 하고 정화를 하면서 다니는 나와 같은 올레꾼에게 이런 인격모독이 어디 있는가. 피와 땀이 어린 농작물에 손을 대는 것은 있을 수 없는 일이다. 나는 이러한 도덕성에 결벽증이 있을 정도로 내 스스로 엄격하다. 내가 당연한 걸 가지고 너무 힘주어 말했나. 문득 고 노무현 대통령의 연설 장면이 떠오른다. 어머님이 누누이 말씀하셨다고, 모난 돌이 정 맞는다고.

    나의 BAC 100대 명산의 모티브가 되었던 대학 동기는 현재 75개의 산을 올랐다고 연락이 왔다. 올 3월에 40개를 올랐으니 지금까지 35개 더 오른 셈이다. 산을 오르는데 비용이 너무 많이 들어간다고 한다. 매형님과 함께 산을 오르므로 그

서연의 카페

럴 수도 있겠구나 하는 생각이 들었다. 그 친구는 카카오톡을 사용하지 않는다. 휴대전화가 없는 사람은 봤어도 카카오톡을 사용하지 않는 사람은 처음 봤다.

400만 관람객을 끌어 모은 영화 건축학개론 촬영지 서연의 카페가 눈에 들어왔다.

올레 1 때는 이곳을 그냥 지나치고 말았다. 건축학개론은 첫사랑 이야기가 그려진 아름다운 영화다.

그 영화에서 이런 글이 자막에 등장한다.

제주 올레 2

겁쟁이는 사랑을 드러낼 능력이 없다. 사랑은 용기 있는 자의 특권이다. - 마하트마 간디 -

서연의 카페 올레길 해안가에 이런 글도 있다.

여자 친구에게 예쁘게 하고 나오라고 했다.
그녀는 결국 나오지 못했다.

할머니가 귤밭이 있는 집 안으로 지팡이를 짚고 걸어 들어가신다.
정말 한적하고 전형적인 제주 마을의 모습이다.

할머니

위미동백나무군락지는 아직 동백꽃이 피지 않았다. 지난 3월에는 많이 졌었다. 결국 이곳에는 1, 2월에 와야 절경을 감상할 수 있다는 것이다.

해안 올레길 터널이 이렇게 아름답게 날 수 있을까.

오후 늦게 아름다운 큰엉 경승지 코스를 걷다가 한반도지형 지점을 만났는데 사진 찍으려고 대기하는 줄이 너무 길다. 나는 대기줄의 중간에서 찍었다. 물론 찌그러진 한반도지형을 담았다. 바닷물에 해가 직사광선으로 비춰서 대기하는 줄이 없더라도 좋은 사진을 담기는 어려웠을 것이다. 이곳은 11월에는 아침 또는 오전에 와야 좋은 사진을 찍을 수

올레 터널

있겠다.

햇살을 받은 오징어가 거대한 피아노 건반처럼 널려 있다. 다시 또 봐도 아름답다.

배가 고파 2시간 여 동안 식당을 찾다가 포기하였다. 초반 식당을 놓친 나는 올레길 근처에 식당이 없거나 있어도 문을 열지 않아 결국 점심을 건너뛰었다. 코스를 걸으면서 이런 경우는 드물게 경험한다. 에너지가 고갈되니 모든 게 힘들다. 결국 5코스를 다 돌고 5시가 넘어서야 편의점에서 2+1 요구르트와 빵을 사서 허겁지겁 배에 욱여넣었다. 오늘은 많은 걸음걸이는 아니었어도 귤밭 사건과 점심을 거르는 등 일진이 힘해서 너무나 피곤하였다.

마스터치 일△△△사의 입술포진 연고가 최고인 것 같다. 올레 2 시작 이틀 만에 코밑 가려움증이 시작되었는데, 나는

오징어

이 증세가 뭔지 잘 안다. 동문시장 근처에서 구입한 연고가 지금 효과만점이다. 예전의 경험으로 몇몇 시중에 나온 연고는 더욱 포진이 번지거나 효과가 없는 듯하였다. 유럽 여행 때도 입술이 터졌는데, 룩셈부르크에서 콩알만 한 연고를 1만원 넘게 주고 사서 바른 적이 있다. 그때도 아시△△△연고였는데 효과는 미흡했다. 의사들은 먹는 약이 최고라고 한다. 그러나 그런 약들은 간에 부담을 줄 수 있어 주의해야 한다. 바이러스가 몸 안에 있는 사람은 쉽게 이 포진 증상이 나타날 수 있으니 건강관리를 잘해야겠다고 생각한다. 남은 올레길에 좀 여유를 갖자.

특히 이곳 표선에 멸종위기 식물인 황근 복원사업이 한창이다. 황근은 노란 꽃의 무궁화란 뜻을 가진 식물이다. 환경부 지정 보호 야생 식물이다. 우리나라에서는 제주도에서만 자라는데, 특히 제주도에서도 조천, 구좌, 성산, 표선 등지의 바닷가에 드물게 자라고 있음을 확인할 수 있다. 꽃 필 때 와서 직접 봤으면 좋겠다.

오후에 같은 호텔로 예약을 하였다. 이 호텔은 놀랍게도 세탁기가 있다. 어제 서귀포농협 하나로 마트에서 티슈형 세제를 구입하였다. 좀 비싸기는 하였지만 휴대가 간편하고 남긴 것은 집에 가져가 나중에 쓸 수도 있어서 구매하였다. 빨래 향이 좋다. 장기 여행 시에는 세탁물 관리가 큰 걸림돌이다. 예전 올레 1 때나 100대 명산 때는 빨랫비누를 사서 직접 손으로 빨아 널었다. 긴 줄을 휴대하여 방에 대각선으로 설치하고 빨래를 널어 말렸다. 그런데 선풍기가 없으면 빠르게 마르지 않았고 있더라도 선풍기 소리에 잠을 설치기 일쑤였다. 또한 날씨가 안 좋으면 덜 말라 곰팡이 냄새가 났다. 이곳 숙소는 비싸지 않으며 장기 숙박으로는 '갑'이다. 오늘도, 내일도 여기서 연속 숙박할 계획이다. 게다가 휴대폰으로 객실 문을 열도록 원격조정시스템을 작동시킨다. 이런 시스템은 처음이다. 이 가격의 대부분의 숙소는 막대에 달린 열쇠뭉치를 사용한다. 가끔 카드식 열쇠가 있긴 하지만 매우 드물다. 내가 비싼 호텔을 안 가봐서 그런가. 아무튼 이 호텔은 비대면 시대에 가장 걸맞은 도어락 시스템을 도입한 것 같아 좋은 점수를 주고 싶다.

10일차 11/21(일)

8코스 역 올레(예래동입구 ▶ 중문관광단지 ▶ 베릿내오름 ▶ 주상절리 ▶ 야자수길 ▶ 약천사 ▶ 월평아왜낭쉼터)
7코스(월평아왜낭쉼터 ▶ 월평포구 ▶ 강정천)
7-1코스(서귀포버스터미널 ▶ 엉또폭포 ▶ 고근산정상 ▶ 봉림사 ▶ 하논분화구 ▶ 걸매생태공원 ▶ 제주 올레여행자센터)
36.16km … 50,725걸음

 철천지원수를 만나다.

일단 서귀포 남쪽 해안가는 모두 역 올레로 걷기로 하였다. 오늘도 이른 아침 숙소를 나선다. 8코스 일부, 7코스 잔여, 그리고 7-1코를 걷는 일정이다. 오늘은 일정상 좀 많이 걸어야 한다.

8시 30분에 8코스 중문단지 초입의 예래동 입구에서 역 올레를 시작하였다.

하늘은 약간 흐리지만 괜찮다. 서귀포 공기의 상쾌함은 여전하다. 동남아시아에 비하여 습도와 기온이 적당하니 공기가 눅눅하지 않고 쾌적하다.

제주도는 집안에서 화초로 키우는 식물이나 다육식물들이 노천에 많다. 나는 작년까지 연구실에 80여 개 화분에 화초를 가꾸고 키웠다. 연구실이 화원이었다. 연구실에 화원을 만든 이유는 미세먼지나 담배 연기 냄새로부터 호흡기질환을 예방하기 위함이었다. 또한 화초를 가꿀 때는 자식을 키울 때나 학생을 가르칠 때와 같이 정성이 들어가고 집중이 되어 마음이 안정된다. 수종은 동남아 노천에서 자라는 벵갈 고무나무, 극락조, 킹 벤저민 등 공기정화식물 위주다. 제주 길가에서 흔히 볼 수 있는 팔손이도 잘 키웠다.

지금 제주 전역에는 털머위 꽃이 흐드러지게 피어 있다.

털머위 꽃

머위와 비슷하게 생긴 털머위는 지난번 가족과 울릉도에 갔을 때도 엄청난 군락을 이루고 있는 것을 보았다. 주로 해안가에서 자생하는가 보다. 지금 울릉도는 노란 털머위 꽃 세상이겠다.

중문 올레길 주변은 볼거리가 많다. 중문CC 변에 젊은 연인이 다정하게 올레길을 밟는 모습이 보기 좋다.

더 클리프

　넓은 주차장에서 청소요원이 쓰레기를 줍는다. 사실 저분은 여기서 이렇게 고생을 하지 않아도 된다. 이곳은 쓰레기를 버릴 이유가 하나도 없는 주차장인데 바닥에 쓰레기가 밟히며 뒹굴고 있다. 관광객이 많이 반성해야 할 부분이다.

　봄에 사람들이 북적였던 지중해, 발리 스타일의 중문 퍼시픽랜드 더 클리프 Bar 앞의 올레길은 폐쇄되었다. 5월경에 업장 측에서 시설 운영의 어려움으로 코스 변경을 요청한 것 같다.

　입구에서 보니 지금은 한산하다. 아직 오픈할 시간이 안 되어서 그런가 보다. 다시 봐도 이국적이다.

오징어게임

중문단지 요트 항구의 잔디밭에 오징어게임 모양이 그려져 있다.

지금의 이 세계적인 오징어게임 광풍은 앞으로 얼마 동안은 지속될 것 같다. 나도 오징어게임의 도전자들의 심정이었던 때가 있었고, 인간이라면 누구나 한 번쯤은 그런 생각을 해 봤을 것이다. 인간의 심리와 욕망을 파헤친 명작이다. 2탄도 기대된다.

곧이어 성냥개비를 세워놓은 듯, 장작을 세워놓은 듯 이 신기하고 아름다운 주장절리가 내 눈 앞에 펼쳐진다.

주상절리 전망대에서 잠시 사진을 찍으며 감상을 한 후 빠져나온 나는 주상절리가 저 멀리 보이는 아래 해안가에서 편의점 김밥으로 점심시간을 가졌다.

대포포구 가기 전에 좌판의 할머니가 지나가는 나에게 귤 하나를 건네면서 먹어보라고 하신다. 아주 달콤하다. 한 바구니에 3,000원인데 작은 귤을 덤으로 주셨다. 오늘 수확한 귤인데 하루 지나면 더 달다고 하였다. 오늘 첫 개시라고 하면서 돈에다 뽀뽀한다.

귤 할머니

"할머니 많이 파세요."

정면 사진은 실례가 될까봐 측면에서 찍었다.

야생인 듯, 노지인 듯 이 귤밭의 전경이 아름답고 이채롭다.

노지 귤 밭

내려가 더 걷다보니 돌담 너머의 노지 귤밭이 카메라 렌즈를 유혹한다.

돌담과 귤

약천사

　대포포구를 지나 야자수 길을 넘으니 약천사가 거대한 몸체의 위용을 자랑하며 버티고 있다.
　약천사 대웅전에서는 템플스테이를 위함인지 아니면 수행을 위함인지 승복 차림의 20여 명의 여성들이 스님과 함께 어딘가로 이동하고 있었다. 그 무리에는 파란 눈의 외국여성도 포함되어 있었다.
　약천사에서 오솔길을 조금 걸으니 8코스 역 올레 종점인 월평아왜낭쉼터가 나온다. 나는 그곳에서 지체 없이 지난번 아내와 함께 걷고 난 나머지 7코스 구간으로 내달렸다. 여기서부터 강정천까지 6km 남짓 거리다. 굿당 산책로는 약간 오르막길이 형성되어 있는데 이곳은 하우스 귤 농장이 많이 분포되어 있었다.

아내로부터 카톡이 왔다. 맨발걷기시민운동본부 박동창 회장이 '맨발로 걸어라'를 출간하는 등 맨발걷기의 대중화에 앞장서고 있다면서 나한테 올레길을 맨발로 걸으라고 한다. 박회장의 '맨발로 걸어라'의 핵심 주장은 등산화를 신고 2~3시간 등산하고 집에 돌아오면 몸이 피곤해져 2~3시간을 쉬어야 하는데 같은 시간 맨발로 등산하고 오면 몸이 오히려 더 가벼워진다는 것이다.

가끔 걸을 때는 이 방법이 효과적일 수 있겠다. 그런데 지금 나의 올레길 걷기는 좀 다르다. 하루에 10시간씩 매일 맨발로 걸을 수 있는가. 발바닥이 불이 나고 살갗이 다 닳아 남아나지 않을 것이다. 아무튼 나의 걷기에 대해 의견을 준 아내에게 고마움을 표하고, 대전 계족산에도 황톳길 걷기 행사가 있으니 대전에 복귀하여 가끔 시도해 봐야겠다고 마음 먹었다.

시원한 바닷바람을 쐬며 7코스 잔여구간 역 올레를 즐기고 있는데 길가에서 갑자기 작은 강아지가 나에게 덤벼들며 원수를 대하듯이 짖어대는 것이 아닌가. 이런! 물론 견주도 있고 목줄에 리드 줄을 하고 있었다. 흠칫 놀란 내가 가슴을 쓸어내리며 큰 걸음으로 앞질러 걷고 있는데 크게 짖는 소리가 나서 뒤돌아보니 리드 줄이 늘어져 있고 나한테 거칠게 달려들면서 짖어대는 것이 아닌가! 이 조그마한 강아지는 지난 3월 우도의 진돗개 홍순이처럼 전생의 은인이 아니라 철천지 원수였던 것이다. 이생에서 원한관계를 갖고 있어서는 안 된다는 것을 이 소형견이 암시해주는 것이었다. 아무튼 내가 왕년에 축구 좀 했다는 것을 이 주먹만 한 강아지는 모르는 모양이다. 주인에게 뭐라고 하고 싶었지만 참는다. 오늘 제주도의 작은 개 한 마리가 희생당할 뻔하였다.

나는 개를 좋아한다. 역설적이지만 또한 개를 유독 무서워한다. 그래서 조금 큰 개가 지나가면 나는 반대 길로 가거나 개와 거리를 두고 멀어져서 걸었다. 몇 해 전에 대전천변 길을 걷는데 오늘과 똑같은 상황에 발생하였다. 그때 나는 견주에게 매우 강한 어조로 호통을 쳤다. 개와 산책하는 견주는 특별히 신경 쓰고 조심해야 한다.

터미널에서 식사를 마치고 7-1코스를 부지런히 걸어 올랐다. 다 못 걸으면 내일 걷자는 마음으로 가볍게 걸었다. 엉또폭포 가는 길은 귤밭 천지다.

지난 3월에 동백꽃이 각양각색으로 피어있었던 길을 지나 고근산에 오른다. 꽤 가파른 산이다. 고근산에도 멧돼지가 살고 있는가보다. 제주도에는 예전부터 야생 멧돼지가 없었는데 멧돼지를 키우던 농가에서 탈출하여 야생화 되었다고 한다.

내려오는 길이 이정표와 어플이 헷갈려 조금 헤맸다. 하산하여 지도를 보고 있는데 어떤 현지인이 "어디 가느냐?"면서 다가온다. 올레길 7-1코스 찾는다고 했더니, 친절하게도 날이 저물었으니 하논까지 자기 차로 태워다주겠다고 한다. 나는 나의 올레 철학상 차를 타고 올레길을 지나갈 수 없어서 정중히 거절하였다. 그 현지인이 주차장에서 차를 가지고 도로변에서 창문을 내리고 나에게 길을 또 알려주셨다. 고마운 분이다.

하논 분화구에 논농사 추수가 끝났다. 그런데 자세히 살펴보니 경작하지 않는 유휴지가 많았다.

내가 이 땅을 조금 사서 농사를 지어볼까. 분화구를 더 살펴보고 둑길도 걷고 싶었으나 땅거미가 지기 시작하여 7-1코스 역 올레 종점까지 발걸음을 재촉하였다.

하논 분화구

숙소 근처 맛집에서 3일째 저녁 식사를 하고 있다. 내가 3월이나 지금이나 제주 올레길에서 3일 연속 같은 집에서 같은 메뉴로 식사를 한 적이 없다. 그런데 이곳은 아무리 먹어도 물리지 않는다. 식당 홀도 대단히 커서 답답하지 않고 일하시는 분들도 6~7명 정도로 많은 편이다. 외국인 서빙 요원도 2~3명 정도 있는 것 같다. 모두들 친절하다. 값은 매우 저렴하다. 이 음식점은 포장이 특히 많은 것 같다. 포장은 1,000원 싸다. 단일메뉴인 두루치기가 일품인 용이식당이다.

두루치기

11일차 11/22(월)

10코스 역 올레(산방연대 ▶ 화순금모래해수욕장)
9코스 역 올레(화순금모래해수욕장 ▶ 창고천다리 ▶ 월라봉 ▶ 안덕계곡
▶ 군산오름정상부 ▶ 박수기정 ▶ 대평포구)
8코스(대평포구 ▶ 난드르삼거리 ▶ 논짓물 ▶ 예래동 마을입구)
28.28km … 38,805걸음

김 장군과 박찬호

제주 올레길을 돌면서 가장 자주 이용하는 버스 노선은 제주시와 서귀포시를 기준으로 서쪽 202번 동쪽 201번이다. 그런데 202번 산방산 입구 쪽은 운행 간격이 길다.

오늘 비 예보가 있어서 걱정을 많이 했는데 다행히도 비는 안 온다. 그 대신 바람이 너무 세다. 광풍이다. 모자가 벗겨진다. 일기 예보 상의 바람 속도보다 훨씬 강한 바람인 것 같다.

기온 또한 14도 정도인데 바람 때문에 체감기온은 0도 이하다. 버스에서 내려 코스 출발지점으로 가다가 몸을 간신히 가누며 식당으로 피신하였다. 따끈한 국물을 먹으니 얼어붙은 몸이 사르르 녹아내린다. 몸을 녹인 나는 기운을 차리고 역올레를 내딛었다. 바람을 등지고 걸으니 좀 낫다. 그러나 손과 귀가 시려온다.

썩은다리전망대에 오르니 산방산이 한눈에 펼쳐진다. 이때 부부 두 쌍이 지나간다. 중년에 혼자 걷는 올레도 좋지만 가장 이상적인 구조는 부부가 같이 걷는 것 같다. 그동안의 고된 삶을 반추하며 서로 의지하고 일으켜 세워주는 아주 좋은 기회인 것이다. 발가락이 까지면 서로 밴드나 파스를 붙여주고 뭉친 종아리 근육도 풀어주며 사진도 찍고 2인분 이상 가능한 맛집에서 식사도 하며 걸으면 여행의 맛이 배가될 것이다. 다시 말하여 부부 올레는 다른 어떤 유형의 여행이나 운동, 등산 등의 취미생활보다 값진 중년의 선물이 될 것 같다.

폭이 좁은 길에서 지도를 보며 걷다 보니 전방을 주시하지 못할 때가 있다. 어떤 때는 앞에서 오던 차가 그러고 있는 나를 보고 경적도 안 울리고 그대로 멈춰 서 있을 때도 있었다. 요즘 차는 엔진 소음이 거의 없어 걷는 자가 소리로 알아채기 힘들다. 운전자 의식이 많이 개선되었다. 나도 길에서는 가급적 폰을 보지 말고 안전에 유의하면서 전방과 좌우를 살피고 걸어야겠다는 생각을 하였다.

중간스탬프 지점 변경

　이런저런 생각을 하면서 걷다 보니 금세 10코스 종점에 이르렀다. 바로 이어서 9코스 역 올레를 시작하였다. 제주 시골의 대부분은 마을의 몇 군데에 쓰레기 분리수거 장소가 있다. 비교적 잘 조성되어 있는 것 같다. 안덕읍 화순리 올레길을 걷다 보니 젊은 주부가 쓰레기를 두 손에 들고 분리수거지로 향해 걷고 있었다. 쓰레기 문제는 관광 선진국으로 가는 데 있어서 짚고 넘어가야 할 현안이다. 아무리 강조해도 지나치지 않다.
　9코스 중간스탬프지점이 변경 되었다.
　기존 창고천다리 도로변에서 군산 정상부로 옮긴 것이다. 18-1 추자도 코스도 묵리슈퍼에서 황경한의 묘 부근이나 돈대산 정상, 신대산 전망대 부근으로 옮겨야 한다. 중간스탬

안덕 계곡

프 찍는 지점을 옮긴 여러 이유가 있겠지만 열심히 하지 않고 열심히 한 사람과 같은 결과를 얻으려는 사람들의 의식을 깨우고 그런 사람들이 이 사회에 발붙이지 못하도록 경종을 울리기 위해서 매우 적절한 조치라 생각된다. 월라봉을 오르다 보니 초등학생들 무리가 보인다. 제주 국제학교 초등생들이 체험학습을 온 것 같다. 외국인 선생님이 영어로 학생들을 지도한다. 아이들끼리도 영어로 대화한다. 내가 한국말로 어디 학교 학생이냐고 물으니 한국말로 대답한다.

  9코스의 5.7km라는 큰 폭의 노선 증가는 여러 의견이 반영되어 결정하였을 것이다. 새롭게 추가된 군산 노선은 경치가 매우 빼어났다.

돌무덤

특히 안덕 계곡 창고천 생태공원의 풍경이 예술적이다. 천연기념물로 지정된 안덕 계곡 상록수림은 300여 종의 희귀식물의 원시림으로서 학술적 가치가 높다고 한다. 아마 이러한 좋은 경치를 올레꾼들에게 제공하고자 코스를 변경한 듯하다. 올레 관계자 여러분께 감사의 마음을 갖게 하는 순간이다. 길 또한 잘 조성되어 있고 계곡물이 정말 맑다. 오스트리아 오버구르글 실개천이 생각난다. 또한 옛 고향 시골 개천길을 걷는 것 같다. 나의 정든 옛 고향의 개천에는 자라도 있었고 은어, 가재, 참게 등이 많았다. 군산으로 이어지는 길에 제주의 전형적인 돌무덤이 보인다.

9코스 중간스탬프 지점

　올레 홈페이지에는 9코스 변경 건에 대해서만 공지가 올라와 있고 중간스탬프 이전 건은 아직 공지가 안 떴다. 홈페이지에 사전에 공지를 해야 옳다. 그래야 당황하는 사람들이 적어진다.
　군산 정상에 오르니 바람 속도는 가히 박찬호 투구 속도 급의 태풍이다. 몸이 날아갈 듯한 광풍이다. 육지에서는 경험 못할 제주도 참 바람 맛을 제대로 보여주는 것 같다.
　새롭게 제작된 중간스탬프 간세가 이채로운 모습을 하고 있다.
　군산 정상에서 김 장군에게 본가가 어디냐고 묻는 사진을 보냈더니 바로 전화가 왔다. 안덕계곡 천연기념물 상록수 숲길 근처가 본가라고 한다. 아니 이럴 수가. 내가 방금 지나온 길이 김 장군의 고향이었다는 말인가. 김 장군에게 "김 장군이 이런 좋은 곳에서 자라서 훌륭하게 되었군."이라고 덕담을 건넸다. 추사가 이 길에 잠시 다녀가기도 하였다고 한다. 그만큼 예로부터 아름다운 길이었던 것이다. 추사는 8년여 동안 여기 제주에 머물면서 추사체의 업적을 남겼으며 유명한 세한도(국보180호)를 그려내었다. 추사 유배지는 여기서 약 6km 떨어진 곳에 있다. 추사 유배지는 아쉽게도 올레길로 연결이 안 된다.

박수기정으로 가는 월라봉 주변 농장에 소철 묘목이 재배되고 있었다.

육지의 꽃가게(화원)에도 있고 식물원에도 있겠지만 이 소철은 가로수, 관상수로서의 활용 가치가 매우 큰 나무라 생각이 든다. 뭐니 뭐니 해도 제주도 길가에서 자연적으로 자라서 열매를 맺는 소철이 가장 아름답지 않을까 생각한다.

소철

월라봉 기슭에서 바라본 산방산

 군산에서 내려오면서 귤밭 너머 산방산이 아름답게 펼쳐져서 사진에 담아 산방산 출신 김 교수에게 보냈더니, "형님, 군산에 오르셨군요." 이런 메시지가 온다. 김 교수는 이곳 주변 지리를 정확히 꿰뚫고 있었다.
 박수기정 바로 위쪽에서 이어지는 구불구불 터널 모양의 내리막 역 올레길은 등산의 피곤함을 가시게 만든다.

구엘과 산토리노

    3월 올레에 이어 이번에도 바르셀로나 구엘 공원과 그리스 산토리노로 잠시 여행을 떠나본다.

    얼마 전 같은 직장에서 근무하였던 직원이 명퇴한 후 어머니의 귤 농장 일손을 돕기 위하여 가족과 함께 제주에 귀향하였다. 그곳이 이곳 중문 근처 상예동이다. 그 직원은 효자다. 서귀포 친환경 무농약 감귤을 생산하는 동초원을 운영하고 있다. 나는 가보고 싶었으나 일정상 여건이 마땅치 않아 다음을 기약하였다.

    중문CC 근처 실개천이 흐르는 올레길 좌우에는 골프장에서나 볼 수 있는 낯익은 '오비 말뚝'이 박혀 있다. 들어가지 말라는 것인가. 아니면 조심하라는 것인가.

    나의 인생도 '오비'가 나지 않도록 정교하게 가다듬어야겠다.

12일차 11/23(화)

14코스 역 올레(금능해수욕장 ▶ 월령선인장자생지입구 ▶ 굴렁진숲길
▶ 저지예술정보화마을)
14-1코스(저지예술정보화마을 ▶ 저지곶자왈 ▶ 문도지오름정상 ▶ 오설록녹차밭)
12코스 역 올레(용수포구 ▶ 카페차귀놀 ▶ 당산봉 ▶ 엉알길 ▶ 수월봉입구
▶ 신도포구 ▶ 산경도예)
44.34km … 58,385걸음

빨강 올레꾼

　오늘의 처음 계획은 10-1코스 가파도 올레를 걷는 것이었는데, 풍랑으로 배편이 결항되었다. 이처럼 바다를 건너야 하는 올레는 일정 잡기가 힘들다. 대안으로 바람 방향을 고려하여 14코스부터 역 올레하기로 한다.
　남한테 보여주기 식의 올레는 안 된다. 특히, 나는 이번의 올레길은 그동안의 역경을 스스로 인고하며 이겨내야 하는

일들로 인해 정리의 시간을 갖는 것이기 때문이다. 이 기회에 참 나를 발견하기 위함도 담겨있다. 그것이 올레요 100대 명산이었다. 사람을 좋아하고 미워하는 그 간극은 종이 한 장 차이고 그 종이 한 장 사이에 또 다른 변수가 존재한다.

청두 형님이 아침 안부 인사를 보내온다. 안부 인사 사진은 낙엽 지는 가을의 빈 의자다. 그래서 나는 이렇게 답변하였다.

형님의 인생은 가을이 없습니다. 항상 여름입니다. 저도 낙엽 지는 가을보다 피어나는 봄을 좋아합니다.

사실 형님은 지금도 테니스를 젊은 사람보다 더 잘 치는 대단한 청년이다. 또한 모든 게 능동적이고 긍정적이다.

쏜살같이 달려오는 금능의 파도는 나를 날름 집어삼킬 것 같다.

어떤 여자가 금능의 무시무시한 파도 바로 코앞에 서 있다. 그녀는 거기서 무슨 생각을 하고 있을까.

천연기념물 제429호 월령리 선인장자생지는 해안가 용암석 주변에 광활하고 아름답게 펼쳐져 있다.

선인장은 왜 가시가 돋쳤을까. 장미나 기타 아름다운 꽃들이 자기를 보호하기 위하여 가시가 생겼다면 선인장도 주위의 공격으로부터 방어하기 위해 가시가 생기지 않았을까. 공격당한다는 것은 그만큼 가치가 있기 때문이다. 그렇다면 선인장은 동물이나 사람한테 유용한 식물이란 말인가.

앗! 중간스탬프 찍는 지점을 지나쳤다. 14코스 역 올레길을 걸으면 간판 때문에 스탬프 찍는 곳이 잘 안 보인다. 그리고 선인장에 신경 쓰다 보니 깜빡 한 것이다. 3km 정도 지나쳐 걸었다. 다시 돌아가다가 걸음을 멈추고 잠시 생각한다. 내일이나 오늘 오후에 버스를 타고 이동하여 스탬프 찍기로 결론 내리고 다시 역 올레를 계속하였다. 등산할 때도 그렇지만 수고해서 온 길을 다시 되돌아간다는 것은 너무 가혹하다. 3km 거리는 편도 45분 왕복 1시간 30분의 거리다.

빗방울과 구름 사이로 햇살이 교차하며 비친다. 감 잡기 어려운 변덕스럽기 짝이 없고 을씨년스러운 날씨다.

월령리 선인장

내륙으로 들어오니 바람은 견딜만하다. 무릎과 오른쪽 발목의 복사뼈만 괜찮으면 좋겠다. 이런 골목이나 길이 다양하게 연결된 교차로에서는 수시로 지도를 봐야 한다. 폰을 안 보고 메모를 안 하면 길을 잃을 가능성이 거의 없지만 메모를 하게 되면 길을 잃을 수 있다. 또 길을 잃었다. 같은 길을 한 바퀴 빙 돈 것이다.

14-1코스의 어느 갈림길에서 모녀로 보이는 빨강 점퍼 세트의 올레꾼이 지도를 보고 이리 갈까 저리 갈까 고민한다. 그러다가 "이쪽으로 가도 어차피 만나지." 하면서 올레길에서 벗어나 지름길로 향한다. 엄마는 그냥 따라간다.

이 올레꾼은 반드시 이 책을 읽어봤으면 좋겠다.

모녀 올레꾼

11, 14, 14-1코스 등은 곶자왈의 명소다. 나는 이런 길을 좋아한다. 처음 올레 1 때는 잘 느끼지 못했지만 걸을수록 매료되었다. 그렇지만 폰에 메모하면서 걷기에는 곤란한 길이다. 잘못하면 튀어나온 돌부리에 걸려 넘어지거나 움푹 파인 웅덩이 같은 곳에 발을 헛디뎌 발목이 접질릴 수 있다.
　14코스, 14-1코스 등 중산간 지역에는 귤밭이 많다. 제주도에서 귤나무 몇 그루 있으면 자식 대학 보낸다는 옛말이 있었다. 지금도 그럴까.
　산을 오르거나 올레길을 걷다 보면 돌탑을 정성스럽게 쌓아놓은 것을 쉽게 발견할 수 있다. 동서고금을 막론하고 기원, 소원을 이루고자 하는 마음은 한결같은 것 같다. 나도 그 무리 속에 포함된다.
　제주에도 유기견, 방견이 많은 것 같다. 지금까지 서너 차례 들개와 마주쳤다. 대부분 목줄이 채워져 있었다. 그들의 표정은 뭔가 쓸쓸하고 외로워 보였다. 나를 빤히 쳐다보고 나의 행동에 눈치를 보는 개도 있었다. 갑자기 덤벼들지 않아 다행이었지만 올레꾼들에게 공격해 오면 속수무책일 수 있겠다. 제주도 당국에서도 방견은 즉시 포획한다는 현수막을 걸어놓고 있다.
　14-1코스는 유독 양배추밭이 많이 눈에 들어온다. 또한 양배추와 비슷한 채소가 다양하게 재배되고 있었다.
　3월 올레 때 보았던 대형 TV는 아직도 천연 색채로 잘 나오고 있었다. TV 앞의 '누가 뭐래도 넌 내 사랑'이란 문구가 이끌린다.

TV

어디서 "굿 샷!" 소리가 들린다. 올레길 옆이 라온CC 1번 홀 주변이다. 라온CC는 골프 황제 타이거우즈가 방문한 제주의 유일한 골프장이다. 나도 10여 년 전에 이곳 라온CC에서 라운드를 한 적이 있었다. 그런데 그때 두세 홀을 돌다가 허리통증이 너무 심하여 이른 비행기로 집에 복귀하였던 기억이 난다. 난생 처음 그런 경험을 하였다. 그때 동반자들의 기분은 어땠을까. 그 동반자 셋은 나와 직업 유형이 달랐다. 요즘은 골프보다 걷는 게 더 좋다.

오늘 우의 겸 바람막이를 준비한 것이 몸의 체온을 유지하는데 도움이 되었다. 사실 제주에 올 때 안 가져오려다가 막판에 옷장에서 챙겼다. 구스다운 패딩은 경량이라도 덥다. 이 바람막이는 귀를 가려주는 모자가 있어서 유용하다.

14-1코스를 잰걸음으로 걷고 선인장 군락지로 다시 가서 스탬프를 찍었다. 그리고 12코스 종점인 용수포구에서 역 올레를 시작하였다. 역 올레 12코스 시작점에서 조금 걷다 보면 유명 연예인이 운영하는 차귀놀 카페가 오른쪽으로 나타난다. 날씨가 좋을 때 이런 곳에서 차 한 잔 하면 좋겠다. 당산봉길을 걷고 있으니 저 멀리 파도소리가 아스라이 배경음악이 되어 분위기를 돋운다. 자구내포구, 엉알길 해안가는 거대한 지질 트레일 코스다.

그새 해는 떨어지고 밭길은 어둑어둑해져 인공 빛이 필요한 시간이 되어버렸다. 신도포구를 지나 산경도예 앞 버스 타는 곳까지 지친 몸을 이끈다. 앞으로 제주에서 머물러야 할 시간이 많지 않아 가급적 많이 걷는다. 그렇다 보니 오늘 가장 많이 걸었다. 58,385보를 걸었다.

13일차 11/24(수)

10코스(산방연대 ▶ 사계포구 ▶ 송악산 ▶ 섯알오름 ▶ 하모체육공원)
10-1코스(상동포구 ▶ 장태코정자 ▶ 가파초등학교 ▶ 개엄주리코지
　　▶ 가파치안센터)
12코스 역 올레(산경도예 ▶ 신도생태연못 ▶ 무릉외갓집)
11코스 역 올레(무릉외갓집 ▶ 무릉곶자왈 ▶ 신평곶자왈 ▶ 정난주마리아성지
　　▶ 모슬봉정상 ▶ 대정여고 ▶ 하모체육공원)
47.33km … 62,190걸음

굶주린 산짐승

　밤의 기운이 채 가시기 전에 첫 버스를 타고 산방산 앞을 향하여 출발하였다.
　일출시간에 맞춰 10코스 잔여구간을 걷기 시작한 것이다.
　구름양이 많아 일출에 큰 기대를 안 했지만 얼마 후 형제섬 앞에 환상적인 빛 내림이 펼쳐진다.

빛내림

　송악산으로 가는 길에 일출 빛 내림을 보면서 걷는 올레 10코스는 다른 어떤 길과 비교해도 뒤지지 않을 명소다. 5km 이상의 긴 길을 왼쪽에서 펼쳐지는 빛의 향연을 보며 걸으니 지치지도 않는다. 한 시간 이상 일출 영화를 보는 것 같다. 일출 각도에 맞게 미리 삼각대를 펼쳐놓고 작품을 만들고 있는 출사객들도 보인다.

산방산과 형제섬

송악산에 다다르니 뒤로 보이는 산방산의 아름다움이 빛을 발한다. 산방산은 신비스러울 정도로 우뚝 융기하였다. 마치 투구모양 같기도 하고 무화과 열매 같기도 하다. 앞바다에 있는 형제섬과의 조화가 잘 된다.

송악산을 지나면 역사의 길이 이어진다. 숙연한 마음으로 섯알오름 4.3추모비를 지나고 울분의 알뜨르 비행장 지하벙커를 지나간다.

알뜨르 비행장 주변은 채소밭이 광활하다. 이른 아침부터 채소 농사를 짓는 농민들에게 피해가 가지 않도록 조심스럽게 길을 빠져 나간다.

지하벙커

운진항에서 가파도로 출발하는 여객선을 11시 표로 예매하였다. 가파도에서 나오는 시간은 14시 20분으로 지정되었는데 12시 20분 표로 바꿨다. 가파도에서 너무 많은 시간을 소비할 것 같아 바꾼 것이다. 1시간 이내의 시간 동안 10-1코스를 다 돌 수 있을까 걱정도 되지만 3월에 걸어본 경험으로 볼 때 조금 빠른 걸음이면 가능하다고 판단했다. 오늘 가파도에서 2시간 절약하고 12코스, 11코스를 많이 돌아놓아야 한다. 그래야 내일 여유 있게 마지막 코스를 마무리하고 서귀포를 거쳐 제주시에 갈 수 있다.

가파도길 배의 파도가 배보다 더 크고 사납다.

너울성 파도가 배의 창과 문을 할퀴고 금방이라도 집어삼킬 듯하다. 이러다가 침몰하는 것이 아닌가 걱정이 된다. 배가 침몰하였을 때 과연 내가 여기서 헤엄쳐서 가파도항이나 운진항으로 갈 수 있을까 생각해 본다. 서글픈 이야기지만 오십견 때문에 어려울 것 같다. 사람들은 거친 파도에 배가 춤을 출 때마다 괴성을 지른다. 놀이공원 해적선 배나 바이킹을 타는 것 같다.

제일 먼저 내리기 위해 앞좌석에 앉은 나에게 옆 할머니가 짐을 들어달라고 하신다. 배에서 내리자마자 올림픽 경보 선수가 되어 부둣가까지 짐을 들어준 나는 올레길의 가속페달을 밟았다.

지난 3월에는 대장님 전화 때문에 마음 편하게 걸을 수 없었던 가파도였는데, 이번에는 배 시간이 모호하여 어쩔 수 없이 빠르게 걷는 신세가 되었다. 가파도는 나에게 징크스가 있는 것일까. 다음 아내와 올레 3 때 확인을 해봐야겠다.

1시 20분 배가 있었으면 금상첨화였을 텐데 아쉽다. 지난 올레 1 때 동쪽 해안가의 산방산이 바라보이는 알록달록 빈 책걸상이 자꾸 눈에 아른거려 그곳으로 가기 위해 스피드를 올린다. 가파도 주택은 운진항에서 섬 중앙부와 남쪽으로 길게 형성되어 있다. 남쪽 음식점 거리에는 11시 배, 10시 배를 타고 온 승객들이 뒤섞여 북적댄다. 좀 여유 있는 사람들은 2시 20분 배를 탈 여행자들이고 뭔가 급한 모습을 하고 있는 자들은 12시 20분 배에 몸을 실을 사람들이다. 나는 후자에 해당 된다. 그러나 나는 지정된 코스로 걸어야 하므로 그들보다 루트가 길다. 그리고 빈 책걸상이 있는 곳에 가봐야 한다. 신속하게 빈 책걸상이 있는 곳에 가보니 주위에는 사람이 한 명도 없는데 그 의자에는 남녀가 셀카로 사진을 열심히, 그리고 긴 시간 동안 찍고 있었다. 나는 '오 마이 갓, 시간이 없는데' 하면서 조금 머뭇거리다가 그냥 패스하기로 마음먹고 지나쳤다. 약 100미터쯤 가서 혹시나 해서 뒤돌아봤더니 두 남녀는 자리에서 일어나 저쪽으로 사라지고 있었다.

  그때 나는 조금 생각하다가 뒤로 돌아 뛰었다. 빈 책걸상을 향하여. 고등학교 때 100m 11초F의 스피드로 말이다. 그동안 아른거렸던 가파도에서의 책걸상 소원을 이루는 순간이다. 그리고 '너를 불러본다.'

빈 책걸상

가파도항 가는 길

지난 3월 올레 때 "오늘 자주 만나네요." 하였던 중년 올레꾼은 오늘 안 보였다. 그 중년과 아주 질긴 인연은 아닌가 보다.

가파도항으로 가는 길가 밭에는 아직 청보리가 올라오지 않았지만 운치가 있었다.

운진항에서 내린 나는 지체 없이 12코스 중간지점으로 향하였다. 12코스 산경도예 중간스탬프 지점에 도착했는데, 어떤 젊은 올레꾼이 동네의 덩치 큰 개와 놀다가 폰을 간세 위에 놓고 걸어가는 것이었다. 내가 발견하고 바삐 움직이는 올레꾼을 불렀더니, 안 돌아본다. 급하게 뛰어가서 돌려주었더니 깜짝 놀라 고맙다고 한다. 그 올레꾼은 이어폰을 끼고 음악을 듣고 있었던 것이다. 내가 이런 사고를 당했다고 가정하였을 때, 분실 걱정은 두 번째이고 그것을 찾으러 걸어온 걸음을 다시 되돌아와야 한다는 생각에 아찔하였다.

청두 형님이 건강 상식 50선을 보내오셨다. 나는 직업 특성상 어떻게 보면 건강 전도사라 해도 과언이 아니다. 그러나 나 또한 쉽게 관리하기 힘든 게 건강인 것 같다. 제주 올레는 정신건강에 특효약이다.

11월 하순인데도 불구하고 길가에는 아직도 녹색 풀들이 보인다. 제주는 역시 제주다. 걸으면서 또 네잎클로버를 발견하였다. 오늘 행운의 여신이 나에게 손짓할까.

아직 점심을 못 먹었다. 물도 없다. 어제는 물 두 병을 가방에 넣고 다니다가 그대로 가져갔다. 오늘은 급하게 움직이느라 편의점에 들르지 못하였고 식당이나 편의점 위치 파악을 미처 하지 못한 게 화근이 된 것이다. 12코스 역 올레를 종료하고 11코스 역 올레를 시작하는 주변에서 마땅히 음식점이나 편의점, 가게, 심지어는 물 먹을 데조차 안 보였다. 동네 주민들한테 구걸하기에는 좀 민폐가 될 것 같아 참고 걷는다. 동네 주민들은 분명히 어떤 가게라도 이용할 텐데, 보이는 가게는 문을 닫았거나 주인이 안 보였다. 마을을 지나 곧 곶자왈 숲속이 시작된다. 숲속에 들어가면 마실 것이나 먹을 것 찾기는 불가능해진다. 굶주린 산짐승과 같은 처지가

현순녀 할머니의 귤

되어버리는 것이다. 인간이 어디에 갇혔을 때 1주일은 버틸 수 있다고 하지만 나는 갇힌 게 아니라 운동을 하고 있으므로 얼마 못살 것 같다. 결국 내가 좋아하는 곶자왈의 수호신이 될 것인가. 점점 초점이 흐려지는 안경 너머의 두 눈으로 주변을 살펴보니 귤밭이 보인다. 귤 농장의 귤은 상자에 따 놓았는데 주인이 없다. 개만 나를 향하여 표독스럽게 짖어댄다. 생을 마감하라는 짖음인가. 돈을 놓고 귤 한두 개를 가져갈까 하다가 괜한 오해를 살까봐 생각을 거둔다.

굶주린 끝에 용기를 내어 곶자왈 초입의 현순녀 할망 민박

현순녀 할머니 민박집

집으로 일단 들어갔다. 집에 계신 할머니한테 귤이 있느냐, 귤을 살 수 있느냐고 큰 소리로 몇 번 물었더니 가능하다고 하였다. 할머니는 귤 창고에서 엄청난 양의 귤을 가져오셨다.

'아이고 이제 살았구나.'

나는 귤이 너무 많으니 조금만 달라고 했다. 그런데도 자꾸 가져가라고 하신다. 기회가 되면 다시 와서 민박을 하겠다고 감사의 인사를 남기고 일어났다.

무릉 곶자왈

 귤로 배를 채운 나는 힘을 내서 곶자왈 숲으로 들어갔다. 무릉 곶자왈 초입에 2008년 제9회 아름다운 전국 숲 대회에서 우수상을 수상했다는 입간판이 세워져 있다. 이곳이 그만큼 명소인 것이다. 곶자왈 중 가장 긴 곶자왈이기도 하다. 명성답게 숲이 갖가지 모습을 하고 있어 카메라 렌즈를 자극한다.
 무릉 곶자왈 터널을 벗어나니 바로 신평 곶자왈이 펼쳐진다. 신평 곶자왈 또한 무릉 곶자왈 못지않게 아름다운 숲을 이루고 있었다.

어찌하다 보니 야간올레에 들어섰다. 여기는 버스는 없는 듯하다. 아무리 급해도 택시 타기는 좀 그렇다. 추자도 황경한의 어머니 정난주 마리아 대정성지를 지나니 금세 칠흑같이 어두워졌다. 휴대폰 플래시에 의존해야 길을 찾고 방향을 잡을 수 있다. 역 올레는 낮에도 방향을 찾기가 쉽지 않은데 밤에는 앞이 안 보이므로 초 집중을 해야 한다. 돌부리라도 걸려 넘어지면 큰 사고로 이어질 수 있다.

현순녀 할망한테 2,000원을 주고 산 귤로 가방 또한 매우 무겁다. 몇 십분 전까지만 해도 나의 목숨을 구했던 귀한 귤이 갑자기 거추장스런 짐으로 다가온 것이다. 빛과 그림자다.

모슬봉은 무덤이 많다. 휴대전화 불빛 좌우에서 날카로운 불빛이 반짝거린다. 혼비백산 놀라 자세히 살펴보니 묘지의 비석에서 반사된 빛이었다. 묘지 옆에 하얀 빈 집도 보였다.

갑자기 꿩 날아가는 소리와 새 지저귀는 소리가 기분 나쁘게 들린다. 머리칼이 쭈뼛쭈뼛 섰다. 공동묘지에 관한 옛날 추억이 생각났다. 시골 등하굣길 옆에 공동묘지가 있었다. 나는 자전거를 타고 다녔는데, 늦게 집에 올 때면 공동묘지 때문에 가슴 졸였던 기억이 난다. 동네 사람들이 밤에 공동묘지를 지나갈 때 흰색 빛이 반짝인다고 하였는데, 그것이 무덤의 뼈에서 반사되어 나오는 빛이라고 하여 소스라치게 놀랐었다. 군 시절 유격훈련 때 공동묘지를 인위적으로 만들어놓고 담력훈련을 하였던 기억도 떠오른다. 이곳은 묘지가 길 바로 옆에 있어서 더욱 떨린다. 그리고 지형을 잘 모르니 공포감까지 생긴다. 그러나 담력은 마음먹기 달려 있다는 주문을 외우며 비틀비틀 모슬봉에 올랐다.

 이렇게 오늘 계획에 없었던 17km의 11코스까지 완주하였다. 발은 괴롭지만 뿌듯하다. 삼성 헬스 걸음 수를 보니 약 47km, 62,190보를 걸었다. 군대에서의 100km 행군 이후 가장 많이 걸은 하루였다.

14일차 11/25(목)

16코스 역 올레(광령1리사무소 ▶ 항파두리코스모스정자)
14코스 역 올레(한림항 ▶ 협재해수욕장 ▶ 금능해수욕장)
18.44km … 24,613걸음

깜놀

 올레 2의 마지막 날이다. 오늘 코스는 좀 여유롭다. 어제 많이 걸어놨기 때문이다. 마지막은 제주관광대학에서 하차하여 광령1리 사무소에서 항파두리까지 16코스 남은 길을 걷는 것부터 시작한다.
 제주는 관광특구이므로 관광 관련 학문이 활성화되어 있다. 이러한 관광지식자원은 제주도 발전에 기여할 뿐 아니라 우리나라 관광발전에도 기여할 것이다. 마치 그리스, 이탈리아가 고고학 관련 학문이 발달하였고, 산업 선진국 미국이 경영학 관련 학문이 발달한 것과 비슷한 맥락이다.

　김밥과 우유를 사기 위하여 제주관광대학 정문 앞 편의점에서 들렀다. 편의점 사장님이 등산복 차림에 모자와 마스크를 쓴 나에게 여기 다니시는 교수님이 아니냐고 묻는다. 깜놀? 내 직업을 어떻게 알았지. '아니다.'라고 말하기에는 너무 단도직입적인 것 같아서 본능적으로 "왜 그러세요?"라고 되물었다. 어제 아저씨가 물건을 팔았는데 결제가 안 되어서 그렇다고 한다. 오 마이 갓. 올레 2에서 두 번째 나의 마음을 괴롭히는 순간이다. 그 사장은 이곳을 찾는 모든 중년 남자들에게 물어볼 것 같았다. 앞으로 평소 얼굴을 펴고 다녀야겠다는 생각을 들게 하였다.

감사한 마음

올레꾼에게 '길을 허락하여 주신 사유지 소유자에게 감사한 마음을 갖고 걸어야 한다.'는 표지판이 보인다.

올레길은 사유지로 연결된 길이 많다. 그러므로 올레꾼들은 사유지가 훼손되지 않도록 각별히 신경 써야 한다.

항파두리 유적지에서 버스를 타고 한림으로 이동하였다. 버스 대기시간이 좀 길다. 30분이면 괜찮은 편인가. 바람이 조금 불지만 기온은 많이 올라서 좋다. 햇빛도 강하여 모자를 써야 한다.

제주 시골마을에도 회전식 교차로로 많이 바뀌었다. 육지든 제주든 도시에도 가급적 회전교차로로 바꿔야 한다.

제주 버스 탑승객의 유형은 딱 세 가지다. 노인, 관광객, 등하굣길의 학생이 그것이다. 한편 육지는 크게 두 가지 유형일 것이다. 노인, 학생.

버스를 많은 기간 타다 보니 이런 통계가 머릿속에 그려졌다.

한림에서 나머지 올레길 코스를 걷는데 갑자기 맛집이 생각났다. 모 고교 교장님이 아내에게 추천한 한림 해녀 세자매 맛집이 떠올랐다. 올레 1 때의 숙소 근처라 쉽게 찾아 들어갔다. 이곳은 1명도 받아서 다행이었다. 역시 반찬이 맛집답게 잘 나왔다. 뿔소라 미역국을 시켰다. 뿔소라의 양은 많은데 맛이 별로다. 원래 뿔소라 자체가 맛을 내기는 어렵나보다. 성게 미역국은 3,000원 더 비싼데 그걸 시킬걸 그랬나 하며 후회한다. 여기도 역시 2인 이상이 와야 대표음식인 갈치조림, 해물찜 등을 맛볼 수 있다. 내가 올레 1 때 묵었던 이 근처 △△호텔 옆의 보말칼국수 집은 음식점 문밖에도 서성대는 사람이 많았다. 일명 줄 서서 먹는 집이다. 그런데 여기 해녀 세자매 집은 줄을 서지는 않아도 사람은 많다. 홀이 워낙 커서 그렇기도 하다. 유명인 사인도 많다. 제일 큰 사장님이 다가와 "반찬 더 필요한 거 없느냐."며 다정히 묻는다. 아내와 같이 갔던 서귀포 뽈살집이 생각났다.

금능해수욕장 주변에 캠핑족들이 많다. 요즘은 주중, 주말 안 가리고 캠핑을 즐기는 것 같다. 한림항을 지나 협재, 금능 해안선 올레길을 걸으며 그동안의 여정을 되돌아보았다. 날씨도 대부분 좋았다. 3월 봄보다 더 좋았다. 이번에는 코스의 특성에 따라 역 올레를 하는 등 걷는 계획을 잘 짜서 일정을 단축시켰다. 발가락 아픈 것은 지난 올레 1 때와 비슷했으며 발바닥이나 발꿈치는 이번에는 거의 아프지 않았다. 아마 이번 트레킹화가 밑창이 두꺼워서 그랬던가 보다.

협재해수욕장 앞바다에 비양도가 한눈에 펼쳐진다.

비양도 앞 파도는 그저께만 해도 금방이라도 달려와 집어삼킬 듯이 포악했는데, 오늘은 아주 조용하다. 나와의 이별의 아쉬움으로 파도조차 넋을 잃어 멍한 것 같다. 세상 이치도 그렇다. 궂은날이 있으면 곧 갠 날이 오게 마련이다. 궂었을 때는 힘들더라도 바닥을 쳤다고 생각하고 인내심을 가지고 견디다 보면 결국 좋은 날이 나를 반긴다.

돌하르방 너머의 비양도

　아침에 걸을 때 아파왔던 복사뼈와 무릎, 발가락은 시간이 지날수록 통증이 가라앉는다. 가라앉는다기보다 무뎌지고 무감각해진다고 해야 옳을 것이다. 오른쪽 발가락이 아프면 왼발에 더 의지하고 발가락이 아프면 발꿈치로 중심을 이동하는 전략으로 걸었다. 그렇게 14일(16일)의 대장정을 이어온 것이다.
　202번 버스를 이용하여 서귀포로 이동하였다. 차창 밖으로 한라산 정상이 선명하게 펼쳐진다. 백록담 정상에는 눈이 쌓여 있다. 영산이다. 제주 도민 약 60만 명 중에는 저 한라산을 신성시하며 살아가는 사람들이 많을 것 같다. 현재 제주

제주 올레 2　317

3다는 돌, 바람, 그리고 할머니, 이런 것 같다. 앞으로는 돌, 바람, 관광객이 되지 않을까.

  나의 코흘리개 시절 어머니께서 나한테 욕심이 많다고 하셨다. 그리고 어떤 일을 시작하면 그것을 끝까지 끝내고 마는 성품을 가졌다고 말씀하신 기억이 떠오른다. 지금 옛날 어머니가 말씀하신 그 '참 나'를 발견한 것이다.

  서귀포에 있는 제주 올레여행자센터에서 간단한 설문조사에 응한 다음 제주 올레 완주증서를 받았다.

  인증서 양식이 좀 달라졌다. 기념촬영 후 제주 올레 센터 직원들에게 감사의 인사를 하고 제주시로 이동하였다.

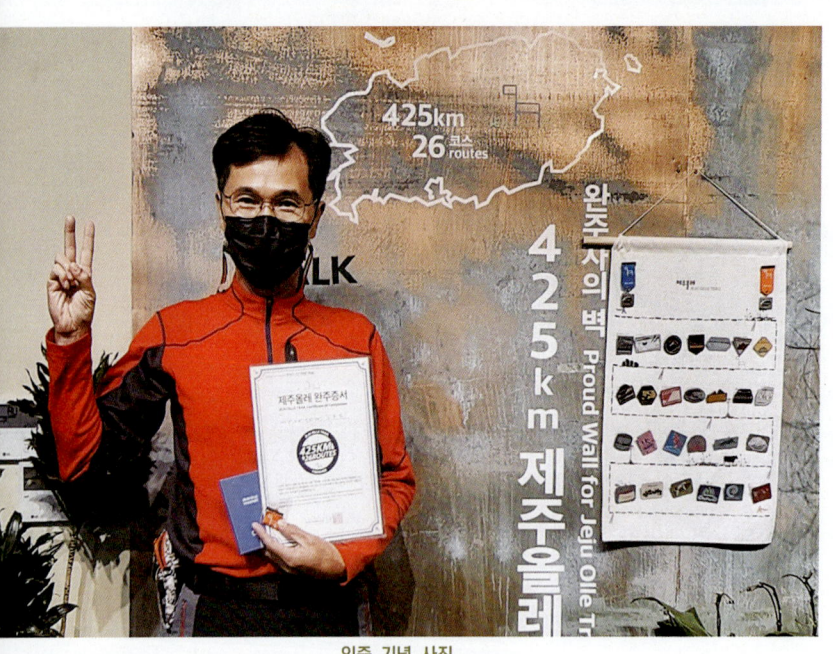

인증 기념 사진

완주번호 Certificate No. JO2021 1125 A481-9566

제주올레 완주증서
JEJU OLLE TRAIL Certificate of Completion

2021 년Year 11 월Month 25 일Day 성명Name 김동설

당신은 제주의 아름다운 바다와 오름, 곶자왈, 사시사철 푸른 들과 정겨운 마을들을 지나 평화와 치유를 꿈꾸는 제주올레의 모든 코스 약 425km를 두 발로 걸어서 완주한 아름답고 자랑스러운 제주올레 도보여행자입니다.

You are now proud Olle hiker who has completed 425km of trails in search of peace and spiritual healing on Jeju Olle Trail passing alongside the beautiful ocean, stone walls, Gotjawal, Oreum, evergreen fields and through friendly villages on Jeju Island, Korea.

사단법인 제주올레 이사장 서 명
President of Jeju Olle Foundation Suh, Myung

완주 인증서

올레 1 때와 마찬가지로 제주행 버스 안에서 가족, 친구, 지인들에게 올레 2 완주 소식을 알렸다. 하나같이 대단하다고 한다. 나는 모두가 응원한 덕분이라고 인사하였다.

제주의 마지막 날, 숙소에 체크인 하고 식당을 찾아 돌아다니다가 그냥 들어오게 된 삼계탕 집, 녹두삼계탕인데 양도 많고 맛도 끝내주었다. 그 많은 양을 다 비웠다.

항몽, 항일, 정난주 유배, 추자도 황경한의 묘, 추사 김정희 유배, 이런 것을 보고 들으면서 나의 삶도 정리해 보았다.

친구들의 화젯거리로 삼고 싶지 않으니 많은 양해 부탁해.

이 말은 동창회 밴드에 나의 완주 사진을 올릴까 하는 총무님의 말씀에, 내가 정중히 사양한다는 글이다. 나는 동창회에서 소신 발언을 주저 없이 하는 편이다. 그래서 혹시나 이런 사진이 사랑하는 동창회원들에게 위화감 조성의 원인이 될 수 있다고 생각한 것이다. 일반적으로 어떤 모임이 잘 되기 위해서는 서로 믿고 배려하고 존중해야 하지만 그렇지 않은 부류가 있을 수 있기 때문이다.

내가 국립공원스탬프투어를 하고 있는데, 남은 국립공원스탬프 지점은 남해한려해상국립공원, 태안반도국립공원과 제주 한라산국립공원 이렇게 세 곳이다. 그런데 국립공원스탬프는 나에게 큰 의미는 없다. 100대 명산 프로그램에 도전하면서 덤으로 얻은 것이기 때문이다.

오늘 숙소의 난방이 심야전기라서 일찍 안 들어온다고 한다. 이 방은 그래서 스탠드 형 전기 히터가 별도로 구비되어 있었다. 그런데 화재의 위험이 있겠다는 생각이 들었다. 결국 심야에도 난방이 제대로 들어오지 않았다. 모든 게 제값을 하는가 보다.
　내의에다 겨울바지, 구스다운 패딩을 입고 누우니 스르르 잠이 온다.

✈ 11/26(금)

제주 ▶ 청주

날갯짓

금요일 이른 아침 관광도시 제주에서 육지로 가는 시간인데도 불구하고 비행기 좌석이 만석이다. 물론 제주로 들어오는 비행기는 더 일찍 매진되었을 것이며 운임도 엄청 비쌀 것이다. 코로나 전의 일상으로 돌아간 게 확인되는 순간이다.

모든 것이 온라인화가 되어 탑승 수속이 간단해졌다. 종이 항공권을 소지한 승객은 약 20~30% 정도밖에 안 되는 것 같다. 앞으로는 모바일, 인터넷도 필요 없이 지문이나 홍채 인식 등으로 비행기를 타는 날이 올 것이다.

뭍으로 가는 하늘은 한없이 맑다. 남해바다 다도해상이 푸

제주 올레의 아쉬움의 날갯짓

르고 고요하다. 다도해가 아침햇살을 받아 병풍처럼 펼쳐져 한 폭의 수묵화처럼 장관을 이루며 나의 제주 올레 2의 완주를 축하한다. 청주공항에 다다랐을 때의 비행기는 요란한 엔진소리를 내뿜으며 제주 올레의 아쉬움의 날갯짓을 한다.

저 날갯짓은 아내와 함께 올레 3을 기약한다는 것이다.

에
필
로
그

제주 올레 완주 소감은?

1. 제주의 아름다움에 깊이 빠졌다.
2. 나의 체력과 정신력을 확인하고 확신하는 기회가 되어 기쁘다.
3. 3월 올레 1 때 추자도 배편의 연속적인 결항 때문에 뜻밖에도 감동적인 한라산 설경을 감상할 수 있었다. 살면서 죽으라는 법은 없음을 새삼 느꼈다.

제주 올레길은?

1. 시기적으로 3월이 적정한 것 같다(물론 10, 11월 가을도 좋을 듯함). 3월은 비도 덜 오고 덥거나 춥지도 않고, 10~15도 내외로 활동하기 좋다. 단 심한 일교차 때문인지 바람이 많이 부는 것 같다.
2. 검은 돌담 너머에 피어난 노란 유채꽃이 아름답다.
3. 봄을 알리는 벚꽃도 겨우내 움츠렸던 마음을 열게 해준다.

개선 요망사항은?

제주 올레를 걸으면서 개선하면 좋을 것들을 정리해 봤다.

1. 중앙선이 있는 큰 도로에 횡단보도 없는 올레길이 많다. 올레지기들을 잠재적 교통법규 위반자로 만들고 있다.
2. 중요 갈림길에 이정표(올레 화살표)를 눈에 잘 띄는 곳에 설치해야 한다. 또한 역 올레를 위한 리본, 화살표 등이 걷는 자들의 눈에 잘 보이도록 설치되어야 할 것이다.
3. 각 코스 특성별로 차등을 두어 스탬프 찍는 지점을 더 많이 설치하는 것도 필요해 보인다. 특히, 18-1코스는 중간 스탬프를 가장 먼 곳에 설치하는 것이 바람직하다. 아니면 아예 코스를 짧게 만드는 것도 방법일 수 있겠다. 오로지 스탬프만 찍기 위해 추자도에 온 올레꾼을 여럿 발견하였을 때 올레에 대한 회의감이 들었다. 추자도 올레 동반자 중 한 명도 풀코스 완주자가 없었다. 이것은 (사)제주 올레에서 시급하게 개선책을 내놓아야 할 부분이다.
4. 코스별 거리 표지판을 많이 달아야 할 것이다. 또는 걸은 거리, 남은 거리 milage 계기판이 나오는 어플리케이션을 개발해야 할 것이다.
5. 올레길 안내판에 맞춤법 오류가 지적된다.
    예) 삼가하세요. → 삼가세요.
6. 올레길 걷는 사람의 대부분이 비제주인이라고 볼 때 제주 올레여행자센터(완주 인증 장소)는 (교통의 편의성을 고려하

여) 제주시 공항 근처 소재가 바람직한 것으로 보인다. 또는 제주시, 서귀포시에 각각 설치하는 것도 좋을 듯하다.

올바른 올레길 걷기 자세는?
기존 인체 역학적 지식을 기초로 올레 1, 2를 걸으면서 터득한 올레길의 바른 걷기 자세는 다음과 같다.
1. 가슴을 바르게 펴고 걷는다.
2. 시선은 전방 10m 정도를 주시한다.
3. 상체의 힘을 빼고 팔을 가볍게 흔든다.
4. 한 발 내디딜 때마다 허리와 엉덩이의 반동을 준다.
5. 발을 내디딜 때 발꿈치부터 발바닥 전체, 그리고 발가락 쪽으로 무게 중심을 이동한다.
6. 특히 발가락 쪽으로 무게 중심을 이동하면서 발가락으로 지면을 밀어내며 걷는다.

올레길 걸음 수는?
1. 삼성 헬스 앱 기준 올레 1은 19일간 총 738,207걸음을 걸었다.
(31,792+38,059+21,880+43,119+47,806+46,090+35,810+31,910+48,950+42,862+41,172+37,025+39,270+38,017+36,256+48,218+45,176+24,606+40,189)

2. 올레 2는 16일간 총 674,267걸음을 걸었다.
(24,835+27,453+39,648+37,621+43,010+32,111+46,528+46,552+50,929+48,906+41,955+50,725+38,805+58,385+62,191+24,613)

올레 1의 74만여 걸음, 올레 2의 67만여 걸음을 걸으면서 발가락과 복사뼈, 무릎이 고통스럽기는 했지만 그만큼 많이 배우고 느꼈으며 깨달았다.

이런 좋은 기회를 제공한 사단법인 제주 올레 서명숙 이사장님 이하 관계자 여러분께 심심한 감사의 말씀을 전한다. 앞으로 아내와 함께 할 올레 3에서 더 많이 배우고 느끼며 행복을 설계할 것을 기약한다. 이제 일상으로 돌아가서 그동안 제주 올레에서의 충전의 힘으로 알차고 멋지게 살아가야겠다.

휴식하러 제주 올레
어느 대학 교수의 제주 올레 두 차례 완주 이야기

인 쇄	2022년 3월 28일
발 행	2022년 4월 1일

지은이　김홍설

발행처　레인보우북스
주　소　서울특별시 관악구 신림로 75 레인보우B/D
전　화　(02) 2032-8800
팩　스　(02) 871-0935
E-mail　min8728151@rainbowbook.co.kr
홈페이지　www.rainbowbook.co.kr

ISBN 978-89-6206-515-2　03980
값 16,000원

＊본서의 무단복제를 금하며, 잘못된 책은 구입한 곳에서 교환해 드립니다.